中公新書 2671

勝又 基著

親孝行の日本史

道徳と政治の1400年

中央公論新社刊

はじめに

元禄《げんろく》時代の俳人・松尾芭蕉《まつおばしょう》は、蕉風俳諧を確立し、現代に至るまで「俳聖」と称され愛されています。彼が数々の名句を生み出したその土台に、度重なる行脚があったことはよく知られているでしょう。「日々旅にして旅を栖《すみか》とす」と銘じた彼は、旅行を繰り返して『野ざらし紀行』『おくのほそ道』などの作品を著しました。その旅にはもちろん自らの俳風を広めるという目的もありましたが、歌枕を訪ね、各地の俳人と会って連句を巻き、旅の経験を通じて俳諧の研鑽《けんさん》を積んだのです。

芭蕉は貞享《じょうきょう》五年（一六八八）、四十五歳の時に大和国《やまとのくに》（現・奈良県）を旅して、『笈《おい》の小文《こぶみ》』を著しましたが、その途次に、ある老婆のもとを訪ねたことは、あまり知られていません。老婆の名前は伊麻《いま》。当時六十五歳でした。伊麻は俳人でもなく、地元の名士でもありません。その彼女を芭蕉がわざわざ訪ねた理由は他でもなく、彼女が有名な「孝女《こうじょ》」だったからでした。

伊麻は大和国北葛城郡今市村《きたかつらぎ いまいち》（現・奈良県葛城市《かつらぎ》）の人。幼い時に母を失い、農民の父・長右衛門と暮らしていました。寛文《かんぶん》十一年（一六七一）六月十二日、伊麻四十八歳のときのことです。病床の老父が、鰻《うなぎ》が食べたいと言い出しました（一説では、医者から鰻を食べると治ると言われた）。しかし山深く水から遠いところに住んでいるので、どうしようもありません。呆然としていると、夜更けに水瓶《みずがめ》から水音が――。起きて見てみると、なんとその中に鰻が泳いでいるではありませんか。これを調理して老父に与えると病が癒えて、あと二年の天寿をまっとうすることができました。このことが知られて、伊麻は領主である本多政勝《ほんだまさかつ》から銭穀《せんこく》を与えられたと言います。

芭蕉が訪れたのは、鰻の奇跡から十五年後のこと、残念ながら紀行文『笈の小文』の中には伊麻と会ったことは記されていません。しかし、伊麻に会ったあとの四月二十五日、芭蕉は旧友である宗七に送った手紙で、このことを書いています。

その家は「茅舎《ぼうしゃ》」、つまり粗末な家で、訪れた芭蕉と同行した万菊丸は、藁の筵《むしろ》の上で茶や酒を振る舞われました。さらにそこには鰻が泳いでいた水瓶も残っていたとのことです。

手紙の中で、芭蕉は次のような感懐を書き綴っています。

面白いことも可笑しいことも、一時の戯れでしかない。しかし、(鰻の入っていた水瓶と孝女伊麻その人という) まぎれもない証拠を見ると、自分の身の罪が色々と思い出される。同行した万菊丸もしばらく涙をとどめられなかった。

同じ手紙の中では、当麻《たいま》寺に詣でて思ったあらゆる尊い気持ちも、伊麻を見るまでの事だった、とも書いています。当麻寺は、中将姫《ちゅうじょうひめ》伝説、当麻曼荼羅《まんだら》などで知られる当時から有名な古寺です。しかしそこでの感動も吹き飛ぶほどに伊麻のことを尊く感じた、というのです。風雅の人・芭蕉が大和国でわざわざ孝女に会いに行った。そして素直に感動した。これは我々にとって、江戸時代における孝という道徳の重み、広まりを垣間見させてくれる事例ではないでしょうか。

大和の孝女・伊麻。その孝を慕って芭蕉も訪問した（『今市物語』）。

さて、こうした孝を重んじる気持ちは、現代にいたるまでの間に、消えてしまったのでしょうか？　孝という道徳は現代社会では「固定化した家族制度の押しつけ」「軍国主義教育の復活」などとすっかり悪者扱いで、実際そうした評価には納得できる点もあります。あらかじめ断っておきますが、筆者も、親孝行を押しつけるためにこの本を書いている訳ではありません。
しかしながら、孝が我々の想像する以上に、今も社会に力強く根を張っているということには、もっと注目して良いのではないでしょうか。たとえば新聞を開けば、人生相談やインタビュー記事には孝を意識した言葉が目にとまります。

私が結婚することが最大の親孝行だとは分かっていますが、母を一人きりにすることや、私には周囲に結婚を意識するような対象がいないことなどから、恋愛にも意欲がわきません。

（「朝日新聞」二〇二〇年四月十八日「悩みのるつぼ」）

家族と離れるのがつらかったが、先代親方の言葉に心をつかまれた。「勝てば勝つほど、お金がもらえるぞ」そんな世界があるのか。強くなって、稼いで、親孝行したい。

（同紙同年一月十六日スポーツ面）

結婚が親孝行、稼ぐことが親孝行……。これらは決して昭和の新聞記事ではありません。令和になってからの紙面に、実際に躍った言葉たちなのです。ましてこれらは、かならずしも反面教師的な発言として取り上げられているものでもないのです。孝を悪者扱いして遠ざけたままでいると、日本社会をありのままに理解する目が曇ってしまうのではないでしょうか。

本書は、先入観からいったん距離を置いて、あらためて古代から現代までの日本における孝について考え直そうとするものです。そのさい特に、「表彰」に注目したいと思います。日本では歴史上、何万人もの孝行者が表彰されました。孝行者の表彰とは、孝という思想、親孝行という行動、表彰という政治行為、孝子伝という文学行為、人々の反応という受容など、さまざまな要素から成る多面体です。表彰に注目することで、親孝行という抽象的な徳目は、具体的な手触りを伴って現れてくるはずです。

以下、目次に従って具体的な内容を記します。

第一章「孝はいかに日本へ持ち込まれたか――古代から中世へ」では、日本の古代から中世における孝のありかたを眺めてみます。中国思想である孝は本来どのようなもので、どのように日本に入り、定着したのでしょうか。儒教だけでなく仏教も視野に入れて考えます。

第二章「孝の全盛期――江戸時代」では、江戸時代における孝行者表彰をたどって行きます。江戸時代は間違いなく日本における孝の全盛期でした。そこで孝行者の表彰に熱心だった大名は誰なのか？　どのような手続きを経て表彰されたのか？　このような疑問に答えながら、見取り図を提示します。

第三章「幕府の政策？　庶民の娯楽？」では、孝行者への表彰や孝そのものを、江戸時代の人々がどのように感じていたのか、という問題を取り上げます。落語「孝行糖」などの事例を挙げながら、孝を当時の視点に即して考え直しましょう。

第四章「荒唐無稽な逸話の秘密」では、孝行者の「逸話」について考えます。孝子伝には、しばしば首をかしげたくなるような荒唐無稽な逸話が出てきます。これはなぜでしょうか。「聞く孝行」と「する孝行」という考え方を通じて、その秘密を解き明かしてゆきます。

第五章「孝子日本代表を探して」では、日本史上の孝子に注目します。中国の『二十四孝』に対抗して、日本でも代表的孝子を選ぼうという試みがなされました。その人選や伝記の背景にある歴史・文学のあやに目を凝らしましょう。

第六章「鷗外と太宰の視線——近代文学と孝」では、小説を取り上げます。森鷗外《もりおうがい》は歴史小説で、太宰治《だざいおさむ》は江戸文学の翻案で、それぞれに孝の問題を取り上げました。彼らの眼には孝がどう映り、それをいかに描いたのでしょうか。

第七章「軍国主義下の子供たちへ——明治から敗戦まで」では、明治維新から敗戦までをたどります。この時代に軍国主義教育が孝を利用したことは知られているでしょう。しかし、ことはそう単純ではありません。政府の表彰記録や少年雑誌をひもときながら、実像に迫ります。

第八章「敗戦で孝は消えたのか」では、戦後から現代にかけての有りようを追います。孝行者の表彰は、現代まで形を変えて生きながらえ、近年は復活のきざしさえあります。

本書を通じて、筆者が今まで調査してきた全国の具体的事例を数多く挙げるよう心がけました。中でも江戸時代は表彰数が多く、記録も残っていて検証しやすいところから、言及が比較的多くなりました。また論じるに当たっては、できるだけ当時の目線で考える、というアプローチを試みました。本書によって、これまで孝とはどのような社会的、文化的役割を果たして来たのか、今後いかに向き合ってゆくべきかを、読者が考え直す手がかりを提供できるものと信じています。

目次

凡例

一、古文の引用は適宜現代語訳した。そのさいの形式は、通常の引用と同様に、字下げや「」を用いた。

一、現代語訳せず原文を引用する場合は、漢字および濁点を適宜改め、仮名遣は旧仮名のままとした。ただし森鷗外、太宰治の小説は、現代仮名遣いに改めた。

一、〔　〕は筆者による補足である。

一、「おおさか」の表記は、一八六八年九月以降のものは、「大坂城」以外は「大阪」とした。それ以前のものはすべて「大坂」とした。

親孝行の日本史

第一章　孝はいかに日本へ持ち込まれたか――古代から中世へ

1　元来有していた幅広さ

孝の基本文献『孝経』

日本における孝のありかたをたどって行く前に、孝とは何か、という問題について見ておきましょう。もちろんそれは、時代によって、地域によって大きな揺れがあります。ここでは孝についての代表的な儒教典籍である『孝経』に即して見てゆくこととしましょう。

『孝経』は、孔子がその弟子である曽子《そうし》の問いに答える形で孝の何たるかを語る、という体裁をとっています。曽子の弟子による作で、成立は戦国時代（紀元前五〜前三世紀）末期だと考えられています。

『孝経』は日本でも広く読まれ、絵入本など様々な版が生まれた（『絵本孝経』）。

日本へ入ったのは、西暦六〇〇年より前とされています。その後、とくに江戸時代に入ってからは大変広く読まれました。片仮名で解説を付した本、平仮名で書き下した本、絵入本など数多くの版を重ね、パロディ本も出されました。『孝経』中のいくつかの文句は、少し物を知っている人にとっては、お馴染みのものでした。また、「孝経で親の面《つら》を打つ」という諺《ことわざ》を聞いたことがある方もおられるでしょう。言行不一致のたとえとして、日本では九世紀の資料（空海『秘蔵宝鑰《ほうやく》』第四唯蘊無我心《ゆいうんむがしん》）に見えており、江戸時代には定着していたものです。

この『孝経』を軸に、関連する典籍を参考にしながら、孝の哲学について見て行きましょう。

孝の中心にあるもの

孝はいかに行うべきか。『孝経』は、普段は敬い、養う時には楽しんでするようにし、親が病んだら憂い、死んだら悲しんで喪に服し、霊を祭る時には厳かに行う、と説きます（紀孝行章）。現代の日本人の感覚からして意外なのは、葬儀や祭祀《さいし》までもが含まれていることでしょう。落語のマクラで「親孝行　したい時分に　親は無し　さればとて　石に布団も着せられず」などと言うように、親孝行は親が生きている内にするものだ、との考えが今は一般的です。しかしながら、儒教においては、死後の葬祭は孝の重要な要素でした。江戸時代の日本では新興宗教だった儒教は、勢力拡大のために在来宗教であった仏教を攻撃しましたが、そのさい、仏教で行う火葬を「残酷だ」「親不孝だ」と強く非難しました。ただこれは、単に仏教の弱点を突くことだけが目的ではありませんでした。世の中の葬儀を、そして祭祀を、儒教式に改めたいという強い思いもあったのです。儒式の葬祭の方法を平仮名で分かりやすく述べた『二礼童覧《にれいどうらん》』という本も元禄時代に刊行されました。

また『孝経』は、身分による違いにも言及しています。天子、諸侯、卿大夫《けいたいふ》（政治を執り行う者）、士人（天子や諸侯の家臣）、庶人と分けて、それぞれに行うべき孝があるとしました。たとえば天子の孝は、天子が親を愛し、親を敬うと、その徳が万民に行き渡り、世の中の人がこれに則り、倣うようになる、とします（天子章）。庶人は、季節や土地柄に従って農耕に励み、行いを謹《つつし》んで節約し、それで父母を養うべし、とします（庶人章）。それぞれの身分ですべき最善の行いをして、これによって親を扶ける素地を作るべし、と言っているのです。

この中で卿大夫の孝は興味を引きます。太古の王たちが定めた礼法、これに外れた衣服は身につけず、これに外れた言葉は発せず、これに外れた行いはしない。これを心がければ言動に迷うことはなく、恨みを買うこともない。そうやって禄位を保ち、祖先の宗廟を守ることが、卿大夫の孝だというのです（卿大夫章）。無批判な先例主義、現状維持に見えなくもありません。しかし、勿論ここには太古の王たちに対する信頼があります。また文脈としては、先の二つと同じく、孝を実践するための足場を作るべし、ということだと読めます。

こうした在り方を『孝経』の中で端的に言い表した言葉が、「身を立て」ることです。これは立身出世するという意味ではありません。『孝経』の本文には「身を立て道を行ひ、名を後世に揚《あ》げ、以て父母を顕《あら》はすは、孝の終りなり」（開宗明義章）とあります。道を行うこととセットで記されていることからも分かる通り、自分の身を孝の上に立て、一人前の立派な人になれ、という意味なのです。そして、自分の名を後世に残して、それを通じて父母を顕彰するのが孝なのだ、というのです。

このように本来の孝は、親に直接何かをする、というような行為に限定されません。まずは孝の名の下に立派な人物になる。それによって、様々な形で親に報いる、という孝の捉え方が見えてきます。

体を傷つけないことが第一歩

親への直接的な行為ではない孝の一つとして、『孝経』は次のような行動規範も示しています。

身体髪膚《はっぷ》之《これ》を父母に受く。敢《あ》えて毀傷《きしょう》せざるは孝の始めなり（開宗明義章）

自分の体は父母から与えられたものなので、傷つけないことが親孝行の第一歩だ、という訳です。

この、体を傷つけることが不孝だ、という考えは、日本においても根付きました。たとえば江戸の儒者は、僧が頭を剃ることも不孝と考えました。江戸時代前期の儒学者・林羅山《はやしらざん》は、徳川家康に登用されて以来、秀忠、家光、家綱と四代の将軍に仕え、江戸幕府における朱子学（儒学の一派）の地位を確固たるものとしました。しかし一方で、儒学者としてのありかたがありのままに認められたという訳でもありませんでした。慶長十二年（一六〇七）には家康に命じられて、やむを得ず剃髪して道春という僧号を称しました。このことは他の儒学者たちから、あるまじき行為として批判されます。たとえば山崎闇斎《やまざきあんさい》は、「不孝の罪は何よりも重い。だから曽子《そうし》は戦々恐々として孝を実践したのだ。いっぽう羅山は剃髪した腐儒者だ。『孝経』の教えを信じていないのだな」と非難しました（『先哲叢談』巻之三）。

現代では、入れ墨への意識、という形で生きているようです。タトゥー文化は世界にすっかり定着し、その中で日本の入れ墨の美しさは高い評価を得ています。

林羅山。将軍の命で剃髪したことは不孝との非難も浴びた（『先哲像伝』）。

しかし当の日本ではいまだに忌避感が強く、入場を禁止している銭湯も少なくありません。これはなぜでしょうか。もちろん、入れ墨に任俠《にんきょう》の専売特許という根強いイメージがあることは大きな理由でしょう。ただそれだけでなく、体を傷つけることが不孝だ、という儒教的な理由もあるはずです。じっさい、高倉健《たかくらけん》主演のヤクザ映画「唐獅子牡丹《からじしぼたん》」シリーズの挿入歌には、次のような歌詞がありました。

親にもらった　大事な肌を　入墨《すみ》で汚して　白刃《しらは》の下で

積もり重ねた　不孝の数を　なんと詫びよか　おふくろに
背中《せな》で泣いてる　唐獅子牡丹

この歌詞の下敷きに、『孝経』の「身体髪膚之を父母に受く……」があることは間違いないでしょう。体を傷つけるというささいな行為を、孝は道徳的に縛って来たのです。

諫めと親子の情

孝と聞くと、親への無条件の服従、というイメージをお持ちの方もおられると思います。この点から、孝について違和感を持っている方も少なくないでしょう。じつは『孝経』ではすでに、その点に関する議論がなされていました。曽子が孔子に、あえて「子が父の命令に従うだけで、孝と言えるでしょうか」と問うたのです。これに対して、孔子は次のように答えました。

むかし、天子には七人の諫臣《かんしん》（君の非道を諫《いさ》める臣下）がいたので、仮に天子が道を外れたとしても、そのために天下を争うようなことはなかった。諸侯には五人、大夫には三人いたので、国や家を失うことがなかった。士に諫めてくれる友がいたならば、不義に陥るようなことはない。だから父にその過ちがあったならば、子はどんなことがあっても父を諫めなければならない（諫諍章）。

父を諫めて非道に陥らせないこと、これも孝だというのです。

とはいえ、子が親を諫めるのは容易なことではありません。『礼記《らいき》』は、父母に過ちがある場合には、気持ちを抑えて、色を恰《よろこ》ばせ、声を柔らかにして諫めよ、と説きました（「曲礼下」）。それでも、何度諫めても親が言うことを聞いてくれなかった場合には、どうしたら良いのでしょうか。『礼記』は、主君を諫める場合と親を諫める場合とでは、やり方が異なる、と説きます。主君からは去るべきだ、親には号泣してこれに従え、というのです。

父親の非道といえば、『論語』には有名なエピソードがあります。葉公《しょうこう》が孔子に次のような自慢をしました。「私の所に正直者がいます。その父が羊を盗んで、子がこれを証言しました」。すると孔子は、「私のところの正直者はこれと異なります。父は子のために隠し、子は父のために隠す。正直さとはこの中に在るのです」と答えた、というのです（子路篇）。

親の非道を諫めることの重要さと難しさは、早くから意識され、表現されていたのです。

天地の道理に則る

孝は人間だけのものと考えられていた訳ではありません。中国から来た諺、「烏《からす》に反哺《はんぽ》の孝あり」は、日本でも広く知られていました。「反哺」は、食べ物を口移しに食べさせること。カラスでさえ、成長後に親鳥に口移しで食べものを与えて、育ててもらった恩を返す、という意味です。もう一つ孝行な動物として認識されていたのが、水獺《すいだつ》（カワウソ）です。旧暦一月になると魚を取って親に祭る、と考えられていました（『礼記』「月令《がつりょう》」）。日本酒「獺祭《だっさい》」の名はここから来ています。「祭」はお祭りではなく、亡くなった親を祭ることです。ちなみに不孝の鳥と言えばフクロウで、これは母親を食べるという俗説から生まれました。

じつは孝の射程はさらに広く、生き物の枠にも留まりません。『孝経』は、「孝は天の経、地の誼《ぎ》、民の行」である、と言います（三才章）。孝は、天や地の道理に則っている。だからこそ、聖王たちは自ら孝を行って、世の人々を治めることができた、というのです。天地ともつながっている孝は、人知を超えた反応をも生み出します。『孝経』は、宗廟《そうびょう》に誠敬を尽すと、それに感応して鬼神が現れる、としました。また、孝弟〔親と年長に仕えること〕が至れば神明に通じる、とも説きました（応感章）。

このように、そもそもの孝思想は、現在の我々が考えるものとは異なっていました。死後の葬祭をも対象とし、より全人格的であり、天地の道理と調和するような、よりスケールが大きく、根源的なものだと考えられていたのです。

2 奈良・平安時代

律令の表彰システム

孝思想はいつ日本に入ってきたのでしょうか。もちろんこれは、儒教思想がいつ入ってきたか、という問いと等しいものです。『古事記』には、三世紀に百済《くだら》の博士・王仁《わに》（和邇吉師《わにきし》）が『論語』を持ち込んだことが記されています（中巻「応神天皇」）。これを伝説だとしても、五世紀には書物が数多く舶載されて持ち込まれたので、こうした典籍を通じて儒教思想は伝わったことでしょう。くわえて七世紀前半からは遣唐使が始まって、中国の技術・文化・思想の流入に一層拍車をかけました。

こうして浸透した孝思想は、八世紀に入ると具体的な形となって顕れました。国家によって、孝行者の表彰が始まったのです。『養老律令』（養老二年〈七一八〉制定か）には孝子等を表彰すべしという条文が記されています。それに先んじて出された『大宝律令』（七〇一年〈大宝元年〉施行）は本文が散逸して正確な文面が明らかでありませんが、ほぼ同内容であったと考えられています。

『養老律令』の条文は次のようなものです。

孝子、順孫、義夫〔義を守る人〕、節婦で、その行いが国郡に広まっている者がいれば、太政官を通じて天皇に奏上し、村里の門に掲げて世に広めよ。その家は課役を免除せよ。さらに、その善行のために神が感じて奇蹟が起こったような者がいれば、追加で賞を施せ（賦役令十七）。

じつはこの文言は、唐の律令に見える文言とほぼ同文です。日本は国家デザインのお手本を中国に求めましたが、それと共に孝行者を表彰するシステムも入ってきた、という訳です。

具体的な表彰を確認してみましょう。『日本書紀』『続日本紀《しょくにほんぎ》』『日本後紀』『続日本後紀』『文徳実録《もんとくじつろく》』『三代実録』の、編年体の歴史書六部をあわせて『六国史《りっこくし》』と称しています。この六部で、神代すなわち日本神話の時代から、平安時代中期の西暦八八七年までをカバーしていますが、その中に、孝行者を表彰したという記録は二十例程度見えます。奈良・平安時代は、孝行者表彰の最初のピークだったと言うことができます。

記録上で最も早いものは、元明天皇の御代である和銅七年（七一四）十一月四日に、大和国の三名を表彰した例で、『続日本紀』に掲載されています。添下郡《そうのしも》（現・奈良県北部）の大倭忌寸果安《やまとのいみきはたやす》という人は、父母に孝行を尽くし、兄弟とも仲良くしました。他人が病んだり飢えたりしていると、自らの食糧を持って行って看病してあげたりしました。近隣の村の人達は、彼のことを親のように敬愛したということです。また、添上郡《そえかみ》（現・奈良県北部）の奈良許知麻呂《ならのこちまろ》は、継母の讒言《ざんげん》によって父の不興を買い、家に入ることができなくなりましたが、それを恨むことをせず、いっそう孝行をしました。さらに、宇智郡《うち》（現・奈良県西部）の四比信紗《しひのしなさ》は、夫が亡くなった後も、自分の子供と妾《めかけ》の子、計八人を養いながら舅・姑に孝行を尽くし、里の人達に感心されました。彼らへの褒美は、「身を終ふるまで事勿《なか》らしむ」、つまり、生涯税金免除などの措置がとられたようです。以来、貞観《じょうがん》十二年（八七〇）に清和《せいわ》天皇が若狭国《わかさ》（現・福井県）の丹生弘吉《にゅうの》を表彰するまで、断続的に孝行者は表彰されました。

さて、この時代に表彰された孝子らの顔ぶれを見ると、朝廷があった近畿地方に限らないことに気づかされます。先に挙げた大和、若狭の他にも、備後《びんご》（現・広島県）、甲斐《かい》（現・山梨県）、信濃《しなの》（現・長野県）、武蔵《むさし》（現・埼玉県）、筑前《ちくぜん》（現・福岡県）、安房《あわ》（現・千葉県）、加賀《かが》（現・石川県）、讃岐《さぬき》（現・香川県）などなど、全国各地に散らばっていることに驚かされます。

天皇は、どのようにして遠方の孝子の存在を知ったのでしょうか。じつは律令には、孝子を見つけ出すための条文もありました。国守は年に一回、所領を巡行して、風俗を見て、政治が正しく行われているか、人民の苦しむ所を知り、五教（父、母、兄、弟、子の道）を諭すことになっていました。そのさい、孝子でよく知られている者がいれば、官吏の候補者として推薦することが義務づけられていたのです（戸令三十三）。

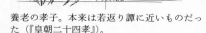

説話集が採った古い逸話

養老の孝子。本来は若返り譚に近いものだった（『皇朝二十四孝』）。

奈良時代の孝行話と言えば、養老《ようろう》の滝の話を思い浮かべる人も多いでしょう。——老いた酒好きの父を持つ貧しく身分の低い男が、ある日薪を取りに山へ入ると、苔のついた石に足を滑らせて転げ落ちた。すると辺りから酒の匂いがする。よく調べてみると、酒が落ちてくる滝があった。男はこれを汲み、毎日父に与えて養った。霊亀三年（七一七）九月、そこへ行幸した女帝・元正天皇がご覧になり、感心してこの男を美濃守にした。酒の出るところは養老の滝といったので、これによって年号を養老と改めた——という話です。

右は鎌倉時代の説話集である『十訓抄《じっきんしょう》』や『古今著聞集《ここんちょもんじゅう》』などに掲載されたストーリーです。しかしながら、原拠である『続日本紀』では、親と孝子の話ではなく、元正天皇自身の体験談でした。――霊亀三年(七一七)九月、天皇が美濃国《みの》(現・岐阜県)にある不破の行宮《あんぐう》に滞在した。その最中、多度《たど》山の泉で手や顔を洗うと、皮膚がなめらかになり、痛いところを洗うと、みな癒えてしまった。これはめでたいしるしであると、天皇は年号を霊亀から養老に改め、天下の八十歳以上の老人には年齢に応じて、位と賞品を与え、孝子・順孫・義夫・節婦は、顕彰する門を建てるなどして称え、一生税金や労役を免除した――というものです。つまり養老の滝説話は、もともと孝行話ではなく、若返り譚に近いものだったのです。

六国史以降に孝行表彰はほとんど見られませんが、平安時代後期の白河院にはこのような逸話が残っています。

天治二年(一一二五)、白河院は天下に殺生を禁じました。そのため、市場に魚鳥のたぐいが出回らなくなりました。そのころ、貧しい僧が老いた母と暮らしていました。この母は魚がないと物を食べませんでした。そのため次第に体が弱って、今は命も危うく見えました。僧は思い余って、魚を捕る方法も知らないのに桂川へ飛び込み、なんとか、鮠《はや》という小さい魚を一、二匹捕らえました。すると役人が僧を逮捕し、院の御所に連行しました。子細を問われて僧が訳を話し、「捕った魚は今放流しても生きられない。許されるならば、これを母に遣わして、母が受けてくださったのを聞いてから、いかなる刑にも服したい」と申し上げました。聞く人はみな涙を流しました。院も憐れんで、様々な宝物を馬車に積んで与え、お許しになり、「まだ養いに事欠くことがあれば、申すように」と仰せ下されました（『古今著聞集』巻八）。

白河院が殺生を禁じたことは、記録に残っていて史実のようです（『百錬抄』巻六）。しかしながら、この孝僧に褒美を下したという逸話は、中世の説話集よりも早い例が見出せません。養老の滝と同様に、古い時代に素材を借りた中世の説話、と考えた方が良さそうです。

桂川の孝僧。親のために禁を犯して魚を捕りに川へ入った（『本朝孝子伝』）。

仏教がもたらした孝

さて、律令制度に基づく孝行者表彰とはまた別に、日本に孝思想をもたらし、根付かせたルートがあります。それは仏教です。こう書くと、不思議に思う方もおられるかもしれません。仏教といえば、仏道修行のため、家族の絆を断ち切って出家するではないか。それが何でまた孝思想をもたらしたのか、と。このことを理解するには、日本だけでは収まらない視野で考える必要があります。

紀元前五世紀ごろインドで生まれた仏教は、紀元一世紀ごろ中国に入ってきました。すでに儒教が国教の地位を得ていた中国では、仏教を外来宗教として迎え撃つ形で、さまざまな論戦、議論がなされました。五世紀中ごろに北魏で起こった、いわゆる「北魏の廃仏」をはじめ、皇帝による廃仏がたびたび行われました。また、仏教を廃そうとする言論も、唐初の傅奕《ふえき》（五五五〜六三九）、中唐の韓愈《かんゆ》（七六八〜八二四）などによって展開されました。

これへの仏教側の対応策の一つとして、儒教の教えと齟齬《そご》しないよう、自らを変容させることもありました。たとえば中国で五世紀に漢訳されたとされる『観無量寿経《かんむりょうじゅきょう》』というお経があります。ここで釈迦《しゃか》は、浄土に生まれるために必要な三つの行い（三福）を挙げます。その第一が、父母に孝養し、目上の者に仕え、慈悲の心をもって、殺生をはじめとするさまざまな悪行を犯さないことだ、というのです。

また同じく五世紀に中国で成立したとされる『梵網経《ぼんもうきょう》』にも、「孝を名づけて戒となす」という有名な文句があります。つまり仏教は、中国で十分に孝を取り込み、その上で日本へ入ってきたのです。

よって日本における仏教は、当初から孝と齟齬《そご》しない面を多く持っていました。たとえば、日本で最初の仏教説話集と言われる景戒《けいかい》編『日本霊異記《にほんりょういき》』は九世紀の初めに成立しましたが、その中に次のような説話があります。

大和国添上郡に、瞻保《みやす》という非道の男がいた。彼は孝徳天皇の御代に大学寮の学生のようなことをしていた。儒学を学んではいたが、母を十分には養わなかった。ある時、母は子の稲を掛け売りで買ったが、母は返済することができなかった。土下座して詫びる母に、子は寝そべったまま対応するというような具合であった。まわりの客人が「他の人は父母のために塔を建立し、仏像を造ったりしているのに、どうして聖賢の道を学んだ君が母に孝を尽さないのだ」とたしなめても、「そんなものは無用だ」と返すのみだった。人々は母親の代わりに返済をしてその場を去った。

母は自分の乳房を出してこう言った。「私は日夜休まずにお前を育てた。他の人の子は親へ恩返ししているのに、私はこうして却って辱められている。お前は私に稲の代金を取り立てた。ならば私も乳の値を取り立てたい。親子の間も今日限りだ。天も地も、みな知っている。ああ悲しいことだ」。

するとどうしたことか、瞻保は何も言わずに立ち上がり、部屋の奥にある借用書を焼き払ってしまった。それから山へ入って惑いさまよった。そして三日後には、とつぜん火が起こって、家も蔵も一度に焼けてしまった。ついには妻子も養えなくなり、みずからも飢え凍えて死んでしまった（上巻第二十三話）。

母から借金を取り立てようとする不孝息子が、気がおかしくなり、借用書ばかりか財産も家族も、果ては自らの命までも失ってしまいました。不孝者に現報（現世の業の報いを現世で受けること）が下った、という訳です。

この逸話の末尾に付された評語で編者は、ある仏典から「不孝の衆生はかならず地獄に落ちむ。父母に孝養あれば、浄土に往生せむ」という言葉を引用して、これこそ、釈迦が説く大乗仏教のまことの言葉なのだ、と結論づけています。すでに平安時代の初期に、仏教は「親孝行こそが浄土への道だ」とはっきりと説いていたのです。

3 鎌倉・室町時代

表彰のない時代の説話

鎌倉・室町時代には、孝行者が表彰された事例は資料で確認できません。幕末の歴史家・飯田忠彦はその著書『野史』の「孝子列伝」に日本史上の孝子を集めて掲載しましたが、中世に孝子が少ないことに注目しました。彼は理由として、南北朝の争乱や応仁の乱で王道がたゆみ、また、書物が灰燼《かいじん》に帰したためだ、としています。「王道」とは王法、すなわち為政者の施す政治を指します。仏教が隆盛となって儒教的な政治が行われなくなったこと、そして戦乱が続いて安定した政治が行われなかったことによる、と飯田は考えていたようです。

表彰がなされなかった一方で、説話の世界では多彩な孝行話が語られました。ただ、そこに見える孝は、それ以前とは大きく異なっています。例を挙げてみましょう。たとえば鎌倉時代中期に編まれた無住編の仏教説話集『沙石集』には、こんな説話が載っています。

唐・国清寺の隠者・寒山《かんざん》と拾得《じっとく》は、ある人から宴会に呼ばれた。人々が酒を飲み、肉を喰らって楽しみ遊んでいる。これを見て、寒山と拾得がただならず笑ったので、主も客人も興ざめしてしまった。

主の不満を聞いた拾得はつぎのように説明した。「先の世の親たちが、子を愛する余りに畜類に生まれ変わって、いま食べものになっているのを、親の肉とも知らないで、愛好して遊び楽しんでいる。それが余りに悲しくて、寒山とともに泣いていたのだが、彼らの拙い眼には笑っているように見えたらしい」と（巻七の十）。

このあと編者は次のように付け加えています。知る知らぬ、遠い近いはあっても、父母を殺して食べているようなものだ。隔てない慈悲の心を持ち、孝養の気持ちを励まして、衆《しゅ》生《じょう》を救わなければならない。生き物たちを悩まし殺すことはあってはならない、というのです。

輪廻という概念に基づけば、たしかにあらゆる生き物は何代か前の親の生まれ変わりかも知れません。だから、肉食を断ち、あらゆる生き物を救うことが「孝養」だというのです。目の前の親を大切にし、死んだ親を弔う儒教の孝とは、大きな違いです。

表彰からの解放

孝行が独立した章として立てられた説話集もありました。『十訓抄』（編者未詳、建長四年〈一二五二〉成立）は、書名の通り「人に恵を施すべき事」「驕慢を離るべき事」など、少年が「心をつくる便り」になるような十の教訓を設定して、それにふさわしい和漢の故事・説話を集めた本です。このうち、親孝行の逸話は巻六「忠直を存すべき事」に収められています。この巻の題は、忠実さ、実直さという意味ですが、巻の導入文には「あらそふべき時あらそひ、随ふべき時したがふ、これを忠とす、これを孝とす」との孔子の言葉を引用して、忠臣、孝子、貞女の例を集めています。孝子の話では、先にも挙げた養老の滝、桂川の孝僧、そして第四章第3節で述べる随身公助《ずいじんきんすけ》の逸話が挙げられています。

橘成季《たちばなのなりすえ》編『古今著聞集』（三十巻。建長六年〈一二五四〉成立）は、約七百の説話を三十の部立てに分類した説話集です。その分類は、神祇、釈教、文学、和歌といったオーソドックスなものから、好色、武勇、相撲強力《ごうりき》、博奕《ばくえき》、偸盗《ちゅうとう》（泥棒のこと）、闘諍《とうじょう》（戦い争うこと）、恠異《かいい》といった卑近なものまで、多彩な部立てが特徴的です。そして、その巻八に「孝行恩愛」という、孝行と親からの恩愛とをまとめた章があります。中身を見てみると、前代の六国史に掲載されていたような孝行話とはちがって、より多様な孝行話が収録されています。たとえば、第二話「赤染右衛門大江挙周《たかちか》母子が恩愛の事」は、平安時代の著名な歌人で、『栄花物語』前編の著者とも目される赤染衛門と、その子・挙周の次のような逸話です。

大江挙周。母・赤染衛門との孝行話が伝わる（『本朝孝子伝』）。

挙周が重病になり、望み少なく見えた。母の赤染衛門《あかぞめえもん》が住吉大社に七日間籠って、「助かりにくいようならば、速やかに私の命と代えてください」と祈り、七日目には幣に次のような和歌を書き付けた。

代《か》はらむと祈る命は惜しからでさても別れんことぞ悲しき

すると神感があったのだろうか、挙周の病が癒えた。母が戻ってきて、喜びながらこのことを語ると、挙周はたいそう嘆いて、「私が生きたとしても、母を失っては何の生きがいがあるだろうか。またそれは不孝だろう」と、住吉に参詣して、「私に代わって母の命が終わるのであれば、速やかに元の通り私の命を取り上げて、母を助け給え」と泣く泣く祈ったところ、神が憐れんで助けたのであろうか、母子ともに無事であった。

前代のものと比べてこの逸話が興味深いのは、表彰がなされていないことです。天皇からの表彰という、明確な孝のお墨付きはありません。その代わり、孝を励ましているのは、住吉大社です。天でもなく、天皇でもなく、神社だというところに、日本中世の孝子説話らしさがあると思います。またそれは、世俗における孝道徳の定着ぶりを示すものと言っても良いと思います。

第二章　孝の全盛期——江戸時代

1　孝行者が表彰されるまで

孝の全盛期

江戸時代に入ると、社会に対する儒教の影響力が格段に大きくなりました。とくに慶長十二年（一六〇七）、徳川家康が侍講として朱子学者・林羅山を召し抱えたのをはじめとして、大名ら為政者の多くが朱子学を重んじて政治に取り入れたため、社会全体に広まりました。必然的に孝思想も重んじられ、孝の全盛期とも言うべき時代を迎えます。

たとえばこの時代には、数多くの教訓書が書かれました。一口に教訓書と言っても、大名の子女に宛てて書かれた写本から、ひろく庶民を教育するために出版されたものまで、在り

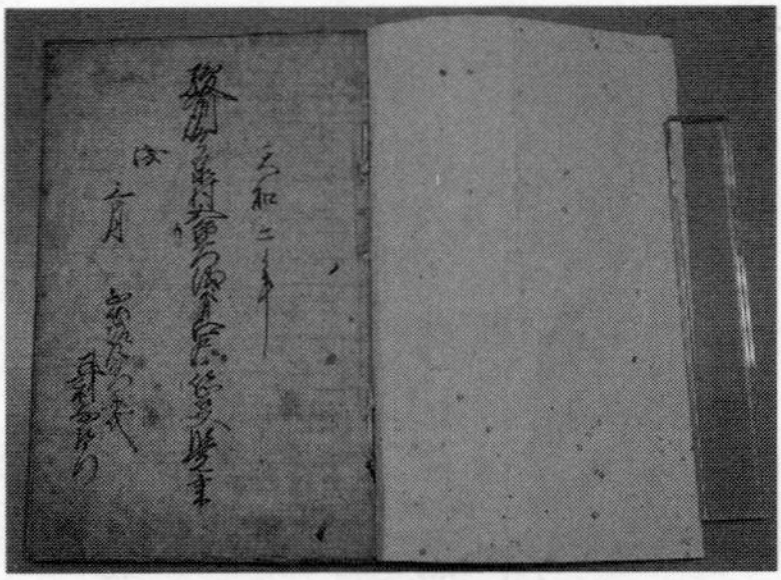

『駿州今泉村五郎右衛門儀ニ付江戸ニ而諸事覚書』。孝子が見出されてから表彰されるまでが詳細に記されている（富士市立中央図書館蔵）。

方は多様でした。それらのことごとくで孝は説かれ、各階層に浸透する役割を果たしました。また平安時代に行われていた孝行者の表彰が復活し、頻繁に行われるようになりました。

江戸時代の特色の一つは、表彰に関わる歴史資料や伝記が多く残っていることです。これらをひもとくことで、孝子がどのような手順を経て表彰されたか、ということが詳しく分かります。江戸時代の通時的な展開について詳しく見る前に、中村五郎右衛門という孝子を取り上げて、表彰の実態を眺めてみたいと思います。五郎右衛門は、徳川将軍からはじめて表彰された孝行者です。彼には『駿州今泉村五郎右衛門儀ニ付江戸ニ而諸事覚書』という絶好の資料が残っています。これは、五郎右衛門が幕府の巡検使によって見出され、取り調べを受け、江戸に呼ばれ、表彰されるまでの事情を事細かに記したものです。これに補足説明をして行く形で読み進めながら、江戸時代の表彰がどのようなものであったかを見てゆきましょう。

発見から取り調べまで

延宝九年（一六八一）、諸国に巡検使が派遣されました。駿河国筋担当は渡部久助、宮崎七郎右衛門の二名でした。四月四日、比奈《ひな》村（現・静岡県富士市）へ泊まった巡検使は、宿泊所に今泉村（現・静岡県富士市）の住人・五郎右衛門を呼び寄せて、「お前は孝行者で民に施しもするそうだが、本当か」と尋ねました。

巡検使というのは、領内の民情を視察するために、幕府や藩が遣わす役人です。孝行者はこのような見回りの際に見出されることが多かったようです。他にはたとえば、後述する岡山藩主・池田光政《いけだみつまさ》のように、大名が各地から孝子善人を書上げさせる方法などもありました。

取り調べはどのようになされたのでしょうか。「お前は孝行者だそうだが本当か」と尋ねる巡検使に対して、五郎右衛門は次のように答えました。

……母親が生きている内、子供の中でとくに私を可愛がって、「子供の中では五郎右衛門だけが親孝行してくれる」などと言っていました、それを聞いた人が信じ込んで世間に言いふらしたのでしょうか。もちろん孝行をしたいという気持ちは持っておりますが、孝行をしたということは全くございません。このように尋ねられることは迷惑でございます。

自分が孝行者なんてとんでもない、と否定しています。しかし土地の人々が五郎右衛門の孝を称えるので、巡検使たちは帳面に五郎右衛門の名前を書き付けました。五郎右衛門は巡検使たちの後を追いかけ、本当に良いことなどしていないので、帳面から消して下さいとお願いしました。しかし、その姿が却って殊勝だと、それも帳面につけてしまいました。

孝行者というのは、えてして謙虚なものです。「私は孝行をしたのだから表彰しろ」など と言う者はそういません。右のようなやりとりは、孝子伝にはしばしば見られるものです。

翌年の天和二年（一六八二）二月二十九日、その土地を治める代官のところへ、江戸城の勘定奉行三名による連名の書状が来ました。老中がお呼びだから、五郎右衛門を至急江戸城へ連れて参れ、との内容でした。五郎右衛門は三月三日に家を出て、二日かけて江戸に着きました。

江戸へ着くとさっそく月番の勘定奉行による取り調べが始まりました。五郎右衛門は相変わらず自分は孝行者ではないと主張します。その中で五郎右衛門は、「自分は不孝はしたことはあるが、孝行はしたことがありません」と答えました。聞いた奉行が、不孝とはどのようなことか、と尋ねると、五郎右衛門は、二十年前、庚辰《こうしん》待ちへ親と行ったのに、先に帰宅し、掛け金をかけてねてしまいました。後から帰宅した親は仕方なく垣根を破って入り、あとで大層叱られました。

と答えました。これを聞いた奉行は、

そのようなことはよくある。これを不孝の第一として二十年もの間忘れずにいたとで、お前の性格が全て分かる。もはや聞くまでもない。

と、取り調べを終えてしまいました。ちょっとした頓知噺のような結末です。しかし勘定奉行としても、巡検使の報告を受けて江戸まで呼んでしまった以上、もう「こいつは自分で言う通りの不孝者だ」と追い返すこともできなかったのかもしれません。「なんとかして五郎右衛門の孝行な点を探そう」という強引な姿勢も見えるようです。五郎右衛門としては、自分は親孝行などしていないと言い続けていたはずなのに、いつのまにか孝行者として祭り上げられてしまったのですから、狐につままれたような気持ちだったのではないでしょうか。

五郎右衛門は、後日また評定所に呼び出されました。そして老中、奉行らが居並ぶ中、将軍の朱印状が手渡されました。それには、五郎右衛門が孝行者で行いもよく、村人の助けにもなっているため、いま作っている田畑九十石を永久に授ける、つまり永久に年貢を免除する、と書かれていました。

江戸時代、孝行者に与えられた褒美の品には、どのようなものがあったでしょうか。落語や講談では、孝行者や善人に下し置かれる褒美は「青緡《あおざし》五貫文」というのが決まり文句になっています。青緡というのは、麻でできた縄を紺色に染めたものです。これで寛永通宝のような穴のあいた銭を通して束ねます。千枚で一貫文。五貫文だと現代ではだいたい十二万円くらいの価値になるかと思います。ただ実際に江戸時代に書かれた孝子伝を読んでいても、「青緡五貫文」という言葉はあまり見かけることがありません。「金そこばく」等と書かれることがほとんどです。孝行者に与えられる褒美は、金銭ばかりとは限りません。米が与えられる場合も多々ありますし、羽織地の絹や綿などが与えられることもあります。

褒美として高額なものでは、土地がありました。これはもちろん稀なケースです。たとえば享保十一年（一七二六）六月、陸奥国磐井《いわい》郡東山門崎《かどさき》村（現・岩手県一関市）の喜助は領主から田畑三十石を与えられました（『官刻孝義録』巻十五）。その他には身分や扶持《ふち》・年貢に関わるものもありました。孝行者自身には帯刀を許す（つまり武士として取り立て）、その子孫には末代まで苗字を許す、という例もいくつか見られました。また、親が生きている限りにおいて扶持米を与えたり、本人が生きている間の課役を免除するということもありました。身分や扶持・年貢に関わるような褒美の場合、孝行者や親が生きている限り、というのが一つの基準だったようです。

これらの例からすると、五郎右衛門に対してなされた表彰が、いかに破格なものだったかがわかるでしょう。永代、すなわち徳川による支配が続く限り、田畑九十石の税を免除する──すなわちこの田畑で作ったものはすべて自分のものにできる、というのは他にほとんど例を見ません。岡山藩で柴木村（現・岡山県浅口《あさくち》市）の甚介《じんすけ》という人物が、岡山藩主の池田光政から同様の永代にわたる褒美を受けた例が思い当たる程度です。さすがは徳川幕府から孝行をもって表彰された初めての人物、褒美も桁違いだったという訳です。

孝子伝が書かれる

いったん故郷の駿河へ戻った五郎右衛門は、六月にもう一度江戸へ招かれました。そこでは将軍・徳川綱吉《つなよし》へ目通りを許され、また綱吉の生母や、綱吉一子・徳松《とくまつ》に面会しました。初回の江戸行きでは、五郎右衛門が面会した相手は老中や勘定奉行どまりでした。おそらく

五郎右衛門肖像。彼を饗応する場で描かれた（国立公文書館蔵）。

その時は、まだ孝行者だと確定した訳ではなかったからでしょう。しかし今回は幕府が初めて表彰した孝行者として、相応の扱いを受けています。

なかでも綱吉が当時四歳の息子・徳松に会わせたのは興味深いことだと思います。孝行者に自分の子供を引き合わせて「お前もこんな孝行者になれよ」と言うのは、現代ではちょっと違和感があるかもしれませんが、当時としては自然な振る舞いだったことでしょう。ただこの徳松は、父・綱吉の願いむなしく、翌天和三年（一六八三）に五歳で没してしまいました。

この滞在中、幕臣・天野弥五右衛門の計らいによって宴席が設けられました。そこには幕府の絵師の狩野《かのう》柳雪《りゅうせつ》秀信《ひでのぶ》、儒臣・林鳳岡《ほうこう》らも同席していました。そこで五郎右衛門の似顔絵が描かれ、鳳岡の賛（絵画などに付す詩歌）が書き付けられました。

この宴席において描かれた五郎右衛門の肖像画は現存し、今は国立公文書館に収蔵されています（『思忠志集』）。五郎右衛門は緊張した面持ちで平伏していますが、地方の一庶民が江戸へ招かれて表彰され、さらに幕府と関わり深い絵師や儒者に一席設けられたら、リラックスせよという方が無理かもしれません。

また九月には、同席していた林鳳岡によって五郎右衛門の伝記「孝子今泉村五郎右衛門伝」（漢文）が書かれました。孝子が表彰されると、その伝記、すなわち孝子伝が書かれます。ただし、すべての孝子について書かれたという訳ではありません。多くは表彰の品が渡されればそれで終わりです。伝記が書かれるのは、表彰された孝子をよりいっそう顕彰しようとする大名などが藩の儒者に命じて書かせたり、篤志家が自発的に書いたり、その土地を訪れた学者が書き残したり、という場合に限ります。五郎右衛門の場合も、将軍・綱吉が孝子伝の作成を命じた訳ではありません。天野弥五右衛門という幕臣が、自主的に儒者に依頼して作らせたものに過ぎません。いわば弥五右衛門が個人的に作成して渡した記念品のような物だったと言って良いでしょう。

以上、孝子が発見されてから褒美を得るまでを確認しました。孝行者といえば、誠実に親と向き合うすがたが想像されるかもしれません。しかし表彰されるとなると、周囲に巻き込まれ、振り回される要素が大変多いことに気づかされます。

2　黎明期——江戸時代前期

信長の先進性

さて、江戸時代が孝の全盛期だと言っても、二百六十年のあいだには、少なからず浮き沈みがありました。次に、江戸時代における孝行者表彰の歴史について見てゆきましょう。江戸時代における親孝行表彰のさきがけは誰か、と探してみると、興味深い人物にたどり着きます。織田信長です。彼の生涯を描いた小瀬甫庵《おぜほあん》著『信長記《しんちょうき》』（慶長九年〈一六〇四〉成立）によれば、天正七年（〈一五七九〉二月）二十二日の夜話のさい、宗運という町人が孝行者であるという噂を信長は耳にしました。次の日に彼を呼び寄せ、米百石と、諸役を免除する旨の札を与えて表彰しました（巻十二「信長公孝行を感ぜらるる事」）。『信長記』という書物は儒教的な潤色がかなり施されていることで知られています。ですからこの記事も鵜呑《うの》みにはできません。しかし、もし信長が本当に孝行者を表彰していたとしたら、かなり早い例だと言えるでしょう。なお、宗運がどのような孝行を行ったか、ということは『信長記』には記されていません。書物の性格上、信長が孝行者を表彰した、ということこそが重要なのであり、孝行の内容はさほど重要ではなかったのでしょう。

今は親孝行というと古くさいイメージがあります。しかし、孝子表彰が絶えて久しいこの戦国時代にあってはどうだったでしょうか。信長による表彰は、むしろ彼の進取の気性を示す逸話だったと考えることも可能ではないでしょうか。

先進的だった岡山と会津

この他では、岡山藩に早い記録があります。慶長七年（一六〇二）、戦国大名・池田輝政《いけだてるまさ》が備前国和気郡《わけ》八木山《やきやま》（現・岡山県備前市）の浄慶なる人物を表彰し、田畑の年貢を免除しました（『備前国孝子伝』巻一）。慶長七年と言えば関ヶ原の合戦から二年しか経っていないので、やや特殊な例と言えるでしょう。右に見た信長の例と同列に扱うべきかもしれません。

池田家の三代藩主・光政の代になると、表彰が本格的になります。早くは承応三年（一六五四）から明暦三年（一六五七）にかけて三十四名を表彰した記録が知られています。その特色は、領内の孝行者や善人を一斉に報告させ、それらを表彰したことです。また寛文五年（一六六五）、六年（一六六六）、八年（一六六八）の三度にわたり、「日頃孝行なる者」「子を能《よ》く育て候者」など様々な徳目を示して、各地から孝子善人を書上げさせて大規模な表彰を行いました。これで表彰された人数は、あわせて千六百九十七人もの多数に及びました。このほか、寛文六年七月にはみずから領内を巡見し、先々で耳目に接した孝子に褒美を与えました。光政は天和二年（一六八二）に没しますが、子の四代藩主・綱政以後も、孝行者の表彰は続けられました。

池田光政が表彰した孝子では、前述した柴木村の甚介が有名です。備中国浅口郡柴木村の農民・甚介は、母に日々孝行を尽くしていました。父が没して、田地は兄と弟の甚介に分け与えられました。何年かして兄が甚介に、「自分の田は痩せていて、お前の田は肥沃だ。しばらく交換しよう」と持ちかけたので、交換して耕すことにしました。しかし収穫してみると、甚介の方が兄よりも多く米が穫れました。里の人たちは、これは孝と不孝のゆえだろう、と噂しました。またある年、甚介は胡麻を周りより早く植えてしまい、収穫も一人だけ早まってしまいました。すると、甚介が収穫を終えてほどなくして長雨が降り、ひと里の胡麻がことごとく流れたり朽ちたりしてしまいました。日照りや風、虫害などで里の田のほとんどが損害を受けるような時でも、境界を隔てて甚介の田だけはよく育ちました。これは孝徳が招いたのだと、人々は褒め尊びました。

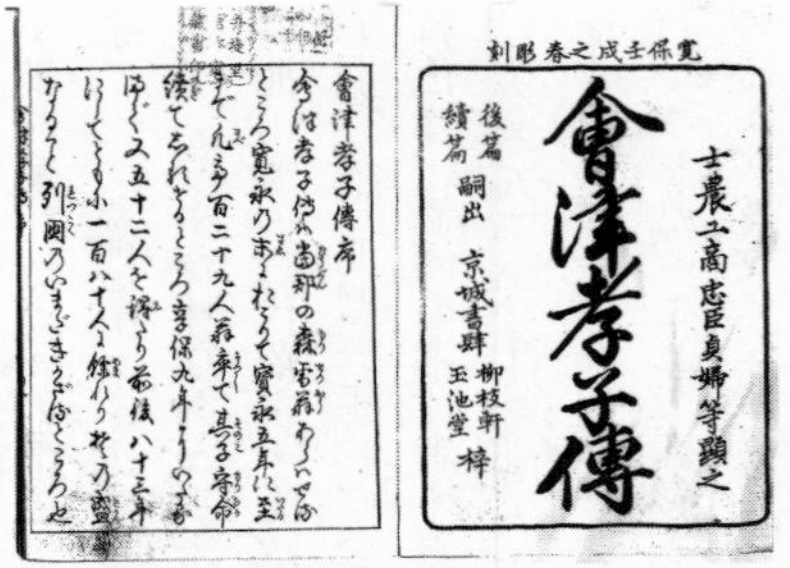
寛保壬戌之春彫刻

士農工商忠臣貞婦等顕之

會津孝子傳

後篇 續篇 嗣出

京城書肆 柳枝軒 玉池堂 梓

會津孝子傳序

『会津孝子伝』。藩別に刊行された孝子伝では最も早いものの一つである。

池田光政に比肩する大名は、会津《あいづ》藩の保科正之《ほしなまさゆき》でしょう。高遠《たかとお》藩、山形藩主を歴任した正之が本格的に領民への表彰を始めたのは、寛永二十年（一六四三）七月に会津藩主となってからです。正保三年（一六四六）に所領だった越後国蒲原《かむはら》郡小川《こかわ》荘永《なが》（長）谷《たに》村（現・新潟県加茂市）の農民・次郎右衛門を表彰したのを始めとして、何年かに一度、領内の目立った孝子に賞を与えました（藤田祐詮撰『会津孝子伝』）。その表彰の方法は池田光政のように一斉に行うのではなく、何年かに一度、一人を取り上げて表彰を行うものでした。

江戸時代の孝行者表彰のはじまり、ということで言えば、岡山藩の池田光政、会津藩の保科正之の二人は、先駆的な人物に位置づけられるでしょう。

光圀より熱心な大名

「日本三景」「御三家」などのように、優れた大名を三名挙げて「三名君」と称することがあります。その三人を誰にするかは諸説ありますが、多くの場合選ばれるのが、先に挙げた池田光政と保科正之、そして水戸藩二代藩主・徳川光圀《みつくに》です。光圀は、孝行者を表彰したのでしょうか。

光圀は他の二人からは一回り以上遅い生まれなので、時系列的に先後を比較するのはやや酷ですが、彼らに比べると、さほど熱心であったとは言えません。延宝二年（一六七四）四月、水戸から江戸へ向から途中、領内の常陸国行方《なめかた》郡玉造《たまつくり》村（現・茨城県行方市）の民・弥

芦田為助。寝ている父母の足を懐で温めた（『本朝孝子伝』）。

作に黄金十枚を与えた（成田山仏教図書館蔵『二孝子伝』）ほか、元禄四年（一六九一）と元禄十二年（一六九九）に事例がある程度です。

光圀と同時代で、より熱心に孝行者の表彰を行った大名がいます。松平忠房《まつだいらただふさ》です。忠房はまず、福知山藩主時代の寛文六～八年（一六六六～六八）ごろに、丹波国天田《あまだ》郡土師《はぜ》村（現・京都府福知山市）の民・芦田為助を孝行で表彰しました。為助は、父母が寝ようとする前に、まず自分の体で筵を温め、父母が寝たあとは、その足を自分の懐で温めた、という逸話が残っています。寛文九年（一六六九）年に国替えで島原藩へ移ると、ここでも忠房は、領内の孝行者を多く表彰しました。肥前国高来《たかき》郡加津佐《かづさ》村津波見名《つばみみょう》（現・長崎県南島原市）の安永安次《やすながやすじ》は早くから書物に取り上げられ、現在でも地元で顕彰されています。

忠房は孝子伝に異様なこだわりを見せました。彼は、自分が表彰した孝子良民の伝記執筆を、わざわざ林鵞峰《がほう》や人見竹洞《ひとみちくどう》といった江戸の名高い儒学者たちに誂《あつら》えたのです。ある時などは、藩内の儒者にいったん伝記を書かせたにもかかわらず、数年後に改めて江戸の林家の儒者に同じ孝子の伝記を書かせました。忠房にとっては中身もさることながら、誰が書いた孝子伝であるかが重要だったのです。名高い文学者に書いてもらい、豪華に装訂《そうてい》して、立派な孝子伝を作る。忠房の事例は、孝子の伝記がモノとしての側面も重要であったことを教えてくれます。

このように幕初から延宝末年、一六八〇年ごろまでは、数名の熱心な大名を除いては、親孝行者が表彰されたのはごく稀だったと言って良い時期です。

3　江戸時代最初のピーク——天和から元禄期

徳川綱吉の奨励政策

そうした中、延宝八年（一六八〇）に将軍職を継いだのが、五代将軍・綱吉です。彼は天和二年（一六八二）三月、江戸幕府の将軍として初めて孝子表彰を行いました。この章の冒頭で見た駿河国の五郎右衛門です。

それから間もない五月には、諸国に命じて、忠孝をはげまし、不忠不孝の輩は重罪に処すべき旨の高札を立てさせました。これは「忠孝札《ちゅうこうさつ》」と呼ばれています。

いま綱吉は、犬公方だとかマザコンだとか、さんざんな言われようをされることがあります。また、こうした人物評価と孝行奨励を結びつけて、これは間違った政策に違いない、と断ずる向きも少なくありません。しかし一方で、大変学問好きであり、また徳をもって民を治める、徳治政治を目指す将軍だったという一面も持っています。親孝行を勧め、孝行者の表彰を行ったのは、彼のそうした徳治政治の試みの一つでもあったのです。

じっさい綱吉の政策は効果があったようで、このころから各地で孝行者の表彰が増えはじめました。紀州藩（現・和歌山県）や熊本藩はその典型的な例です。将軍綱吉が範を示したことによって、限られた為政者のものであった孝行者の表彰が、全国へと広まったのです。

『本朝孝子伝』――はじめての体系化

綱吉の政策により世に孝重視の機運が高まっていたさなかの貞享二年（一六八五）十月、日本の親孝行史にとって画期的な書物が出版されました。藤井懶斎《ふじいらんさい》著『本朝孝子伝』全七巻です。この本は二つの点で画期的なものでした。

第一点は、日本の歴史上の孝行者を体系的に集めて出版したことです。天皇・院を集めた「天子」部、公家を集めた「公卿《くぎょう》」部、武士・庶民を集めた「士庶」部、女性を集めた「婦女」部、当代の人物を集めた「今世」部、という五部構成をとり、合計七十一という多くの孝行者を集めました。その編集態度は真面目で、江戸時代より前の孝行者については、何という文献に載っているかも明記しました。各章に挿絵を付すなどの工夫も施しました。

第二点は、「今世」部において江戸時代の孝行者を二十名集めたことです。それまで江戸の人々は、中国の『二十四孝』や、日本の古典に出てくる孝行者を鑑賞するだけでした。そこへ、江戸時代になってから日本の各地で表彰された孝行者を集めて提示したのです。その中には存命中の人物もいました。

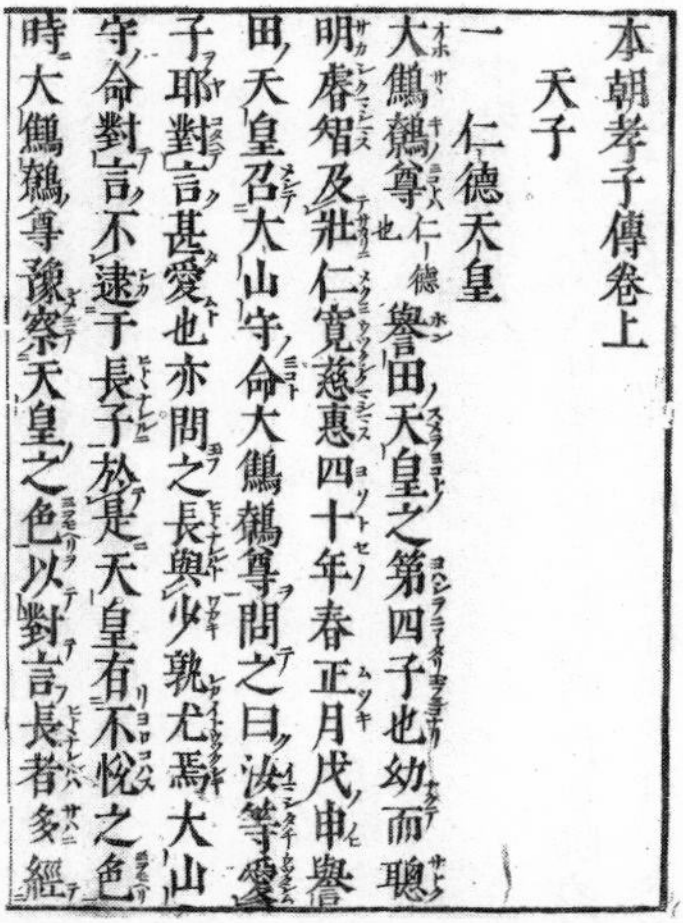
本朝孝子傳巻上
天子
一　仁徳天皇
大鷦鷯尊也仁徳譽田天皇之第四子也幼而聰
明睿智及壯仁寛慈惠四十年春正月戊申譽
田天皇召大山守命大鷦鷯尊問之曰汝等愛
子耶對言甚愛也亦問之長與少孰尤焉大山
守命對言不逮于長子於是天皇有不悅之色
時大鷦鷯尊豫察天皇之色以對言長者多經

『本朝孝子伝』。日本史上の孝行者の代表を定める役割を果たした。

ちょうど徳川綱吉が孝行を奨励した機運にも乗じて、この本は発売当初から大変よく売れました。初版は漢文で書かれましたが、すぐに読みやすい平仮名版が出版され、人数を二十四人に絞ったダイジェスト版も海賊版の形で出されました（『本朝二十四孝』）。『本朝孝子伝』が選んだ七十一名は、現代にいたるまで、日本史上の孝行者の代表として扱われることが多いようです。その意味で、日本における孝行者の枠組みを定めた書物、という一面も有しています。

4　地方の目覚め

中央から地方へ

右のような元禄を中心とした時代を眺めてみると、「まだまだ中央の時代だな」という印象を受けます。一部を除いては親孝行の表彰も、散発的にしか行われていませんでした。そうした各地の情報を集めるのは、中央すなわち京都や大坂、江戸の人でした。先に見た『本朝孝子伝』は、まさにそのようにして書かれた書物でした。地方での孝行者表彰の情報が中央に集められ、ここで成ったこれらの書物が全国に広まる。こうした蓄積により、地方が孝の重要性に気づき始めるのも時間の問題だったと言って良いでしょう。

はたして、享保に年号が改まる一七一六年くらいから、親孝行の世界には、あらたな潮流が生まれます。地方の各藩が、当地の孝行者を強く意識するようになるのです。各地で地元の孝行者を一書にまとめようというような意識が高まってきました。

たとえば天領・長崎の街では、寛文頃（およそ一六六〇年代）から長崎奉行が孝行者を表彰していました。それらを西川如見《じょけん》が著書『長崎夜話草《ながさきやわそう》』（享保五年〈一七二〇〉刊）の中にまとめました。また福岡藩では、享保二年（一七一七）に筑前国宗像《むなかた》郡武丸《たけまる》村（現・福岡県宗像市）の孝子・正助を表彰し、これを藩の儒学者である竹田定直《たけださだなお》が『筑前宗像郡孝子正助伝』（享保十五年〈一七三〇〉刊）という本にして刊行しました。また寛保二～三年（一七四二～三）には、他に表彰した孝子良民も集めて『筑前国孝子良民伝』前後篇五冊として刊行しました。四国の土佐藩もこの頃から盛り上がってきます。元禄時代には土佐国高岡郡鴨地《かもじ》村（現・高知県土佐市）の安右衛門、八右衛門兄弟を描いた『戸波《へわ》孝子伝』という孝子伝が書かれましたが、享保頃になると表彰の数が一気に増えました。それを谷垣守《たにかきもり》が『土佐国鏡草《かがみぐさ》』（享保十九年〈一七三四〉成）という書物にまとめています。

　このように、地元の孝行者をまとめて書物とすることには、大きく二つの意義がありました。一つめの意義は、領内の教育です。子供たちに孝道徳を広めるには、できるだけ身近な話の方が役立ちます。同じ孝行噺なら、中国古典の虎が登場するようなものよりは、知っている地名の、近い時代のものの方が効果的なはずです。もう一つの意義は、孝行者がたくさん出ることが、その土地の政治が良いことの証になる、ということです。上に立つ大名、郡代、名主、庄屋といった人々が庶民に道徳的な生き方を勧め、一方で自らをも律して模範を見せる。さらに良い行いは必ず褒め、悪行は必ず罰する。このような善政を行っているからこそ、土地に孝行者がたくさん出るのだ、と江戸時代の人々は考えたのです。

懐徳堂文化圏

懐徳堂《かいとくどう》は近世中期から末期にかけての、上方の学問の中心地でした。享保九年（一七二四）、儒者の中井甃庵《しゅうあん》が、大坂の有力町人たち（「五同志」という）の出資を得て、私塾として設立しました。二年後には幕府の学問所として認められ、明治二年（一八六九）まで続きました。懐徳堂は孝を重んじ、孝子伝の執筆刊行に多く関わりました。甃庵は元文四年（一七三九）に『五孝子伝』を著し、その子で教授を務めた中井竹山《ちくざん》も、『子華孝状《しかこうじょう》』（明和二年〈一七六五〉刊）、『かはしまものがたり』（明和八年〈一七七一〉刊）などを出版しました。

懐徳堂と関わりの深い地方でも、孝行者の表彰や顕彰が盛り上がりました。たとえば懐徳堂の創始者・中井甃庵の出身地である播磨国の龍野《たつの》藩（現・兵庫県たつの市）がそうです。『天民録』（写本。たつの市立龍野歴史文化資料館蔵）には藩領内の孝行者がまとめられていますが、これによれば、早い表彰は享保八年（一七二三）に行われていました。またこの地域の孝行者四人を集めた『龍野孝婦鳴盛編《こうふめいせい》』（改題して『播州龍野四孝伝』とも）という書物も刊行されました。

大和国も、懐徳堂文化圏に属して孝行者の表彰が行われました。奈良にある墨作りの老舗・古梅園は、天正五年（一五七七）の創業と伝えられています。この七代目当主・元英は懐徳堂に文章の添削を受けるような深いつきあいがありました。彼の詩や文を集めた『梅居文集』には、宇陀《うだ》郡拾生《ひろう》村（現・奈良県宇陀市）の孝子・平三郎や、添上《そえかみ》郡北椿尾《きたつばお》村（現・奈良市）の千代など、孝子良民について記した文章が多く残っています。

小浜と闇斎学

若狭国の小浜《おばま》藩（現・福井県）も、享保ごろから孝行者の表彰が始まり、以後もコンスタントに続けられました。それを藩主の命令で集め、出版した塩野伯篤《しおのはくとく》編『若州良民伝《じゃくしゅうりょうみんでん》』（天明元年〈一七八一〉刊）は、藩別の孝子伝では早く刊行されたものの一つです。

小浜藩は、八代藩主・酒井忠用《ただもち》（元文五年〈一七四〇〉─宝暦七年〈一七五七〉在任）のとき、京都の私塾・望楠軒《ぼうなんけん》から小野鶴山《おのかくざん》を藩の儒学者として招きました。望楠軒は京都の闇斎学《あんさいがく》の本山とも言える私塾です。のち安永三年（一七七四）には、藩校「順造館」を作って藩の学問を闇斎学に統一しました。

闇斎学とは京都の儒学者・山崎闇斎が作り上げた学問体系の一つです。朱子学を根本としつつ、日本の神道についても独自の解釈を行いました。同時期に京都で伊藤仁斎《いとうじんさい》が開いた古

山崎闇斎。彼の学派を受入れた藩は孝子表彰を多くする傾向があった（『先哲像伝』）。

義堂の学派に比べると、堅い学問というイメージがあります。

しかしじつは、小浜藩に限らず、早くから孝行者の顕彰や表彰が行われてきた地域は、闇斎学との関わりが深い所が多いのです。たとえば土佐藩は山崎闇斎が学んだことのある場所ですし、会津藩は、闇斎を儒者として招いていた時期があります。

闇斎学はこれまで、文化や文芸との関わりはあまり論じられて来ませんでした。しかし闇斎学は実践道徳としての「居敬《きょけい》」（心をつつしむこと）を重んじるという一面がありました。それゆえに、今そこに生きている孝行者に敏感に反応する傾向があり、表彰や石碑の建立などといった顕彰に結びついたようです。つまり闇斎学は、江戸時代前〜中期に孝文化を支えた存在だったのです。

5　中央への情報集積

『官刻孝義録』――全国から孝子を募集

松平定信による改革政治が行われていた寛政元年（一七八九）、幕府は各藩へ、孝行、貞節、忠義など、善人を報告するよう命じました。これに応じて全国から上がってきた報告を幕府が編纂し、五十巻五十冊の書物として刊行したのが、『官刻孝義録』（享和元年〈一八〇一〉刊）です。山城《やましろ》、大和から薩摩《さつま》、壱岐《いき》、対馬《つしま》までの六十五ヵ国から八千六百名余りの善人の名前と簡単なプロフィールを列挙し、その一割弱の者については、伝記を掲載しました。

この『官刻孝義録』五十冊の元になった資料は、各藩から提出されたものです。つまりは文章の寄せ集めであり、提出された文章の形式や粗密や善し悪しは、藩によってバラバラだったことでしょう。これを『官刻孝義録』として一書にまとめあげるには、文体を統一したり、疑問点を藩に問い合わせて確認したり、という編集作業が必要でした。当初この作業は遅々として進みませんでしたが、寛政十一年（一七九九）正月から約一年半かけて成し遂げた人物がいました。それが大田南畝《なんぽ》、別号・蜀山人《しょくさんじん》です。

彼は十九歳で刊行した狂詩文集『寝惚先生文集《ねぼけせんせいぶんしゅう》』（明和四年〈一七六七〉）や、狂歌集『万《まん》載《ざい》狂《きょう》歌《か》集《しゅう》』（天明三年〈一七八三〉刊）などの戯作でよく知られていますが、本来は下級幕臣の家に生まれた武士です。寛政の改革期に行われた幕府の学問吟味（登用試験）に合格し、このような仕事を任されることになりました。

孝子に対する意識の高まり

幕府主導で編まれ、刊行されたこの『官刻孝義録』によって、江戸開府以来二百年のあいだに全国で表彰された孝行者を、ほぼ見渡すことができるようになりました。しかし、より重要な意義は、全国の諸藩に、孝行者の表彰を意識させたことでしょう。幕府から各藩へと孝子良民の書上げが命じられたことは、自藩の孝子良民について振り返るきっかけを与えたはずです。古来、孝行者が出るということは、その地の政治が良い証でもありました。「当地の孝行者を報告せよ」と命じられた各藩が、そのことを意識しなかったはずはありません。

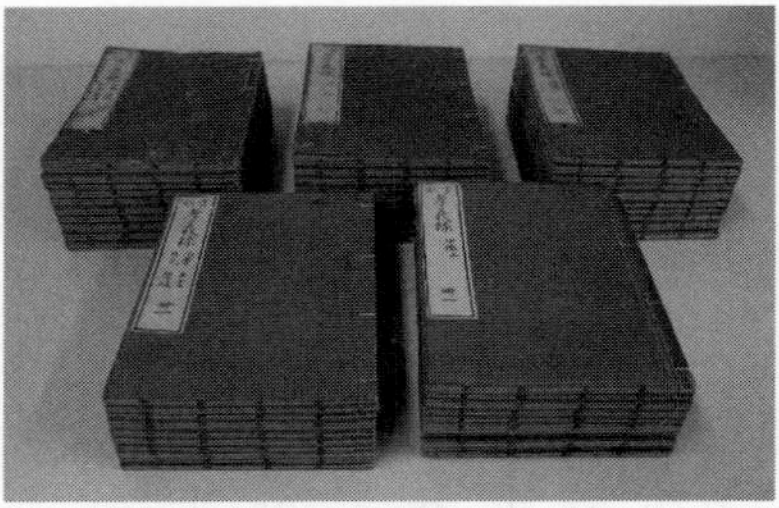
『官刻孝義録』。幕府主導で全国の孝子良民が集められた。

それは意識の問題だけではなかったはずです。『官刻孝義録』の編纂と相前後して、左のように藩独自で大人数を掲載した孝子良民伝が刊行されました。

『備前国孝子伝』前編は寛政元年（一七八九）、後編は寛政四年（一七九二）刊
『筑後民間孝子伝』前編は寛政七年（一七九五）、後編は寛政九年（一七九七）刊
『芸備孝義伝』初編は寛政九年（一七九七）、二編は享和三年（一八〇三）刊
『筑前国孝子良民伝　続編』寛政十年〈一七九八〉刊

幕府へ報告するために孝子良民のとりまとめ作業を行うということは、すなわち藩が編集作業に人と金と時間とを費やすことでした。またその結果でき上がった報告書は、まごうことなき各藩の孝子良民データベースだったのです。『官刻孝義録』の編纂は、資料の面でも地方を活性化させたのでした。

『続編孝義録料』──未完の第二弾

『官刻孝義録』の刊行後間もなく、続編の編纂が試みられました。文化四年（一八〇七）九月、老中・牧野忠精《ただきよ》から再び全国へ孝子良民の書上げが命じられたのです。『官刻孝義録』以後の孝子良民を報告せよとの通達です。寛政元年（一七八九）から文化四年（一八〇七）まで、十八年間の孝行者が対象という訳ですが、写本にして九十冊にも及ぶ大量の報告が各

地から寄せられました。『官刻孝義録』における報告を通じて、いかに各地で孝行者の表彰が盛り上がっていたかが分かります。

さて、各藩から集まった資料は儒者・林復斎《はやしふくさい》に預けられ、学問所へ回されました。しかしこれは結局刊行には至りませんでした。そのままにされていた資料の山は、四十年もあとの嘉永元年（一八四八）になって整理し直され、目次が付けられました。これがいま国立公文書館に残る『続編孝義録料』（写本九十冊）という資料です。

こうして親孝行の表彰は、全国に定着しました。孝行者の顕彰や表彰は、江戸時代初期こそ少なかったものの、それ以後は幕末まで、絶えず全国のどこかで行われていました。

江戸時代に表彰された孝子良民の数は

江戸時代には、何人ぐらいの孝行者が表彰されたのでしょうか。難しい問題ですが、筆者は「孝子だけでなく、節婦や義僕（義理堅い下僕）等を合わせて、およそ四万人」と考えています。「節婦や義僕等を合わせて」とことわっているのは、孝子でもあり節婦でもある、というように複数の徳目を兼ね備えている人が多く、分けて計算することが困難だからです。

まず参考にすべきは、先にも触れた『官刻孝義録』です。これに掲載されている孝子良民は八千人を超えます。ただしこの本に、その時期までに表彰されたすべての孝行者が掲載されている訳ではありません。他の孝子伝資料と比較してみると、掲載されていない孝行者もかなり多い、ということに気づかされます。典型的な例は岡山藩で、三代藩主の池田光政だけで約二千人の孝行者を表彰しましたが、『官刻孝義録』では、光政時代に表彰された人物は七十名ほどしか掲載されていません。また江戸時代中期の勤王思想家・高山彦九郎の日記に目を通すと孝子良民が何人も出てくるのですが、『官刻孝義録』に掲載されていない人物が少なからず見えます。実際のところ『官刻孝義録』までの時代で、すでに一万人を軽く超えていたでしょう。

次に検討すべきは『続編孝義録料』です。これは先述のとおり寛政元年（一七八九）から文化四年（一八〇七）まで、十八年間の孝子良民が対象でありながら、九十冊と大部のものです。先日翻刻出版されて全貌が明らかになりましたが、ざっと数えて二万人ほどの孝子良民が掲載されています。ここまでで、もはや三万人を超えてしまいました。

さらに文化五年（一八〇八）から幕末までの六十年間に表彰された孝子良民は、現時点の研究では、その総数を確認する術もありません。しかしながら、このころには各地で孝子良民に目が向き、それなりの数が表彰されていたことと思われます。

以上、まだ研究に未開拓な部分が多い段階での中間報告的な概算ですが、江戸時代に全国で表彰された孝子良民はおよそ四万人程度ではないか、と考えておきます。

第三章　幕府の政策？　庶民の娯楽？

1　なぜ表彰するのか

二つの考え方

江戸時代の大名や役人たちは、なぜ孝行者たちをわざわざ表彰したのでしょうか。もちろん、孝行者がいたからに決まっています。ではそれは、政治行為としてはどのような意図があったのでしょうか。この問いに対しては、従来二つの考えが示されています。

まず一つは、善行を推進する意図があった、とする考えです。名君が孝行者を善人として素直に称賛して褒美を与え、それを見た地域の人々も真似して善行を行う。よく言えば素直、悪く言えば素朴ですが、もっとも古くからある考え方だと言って良いでしょう。明治から戦前に書かれた研究は、ほぼこの考え方に基づいて書かれています。

もう一つは、封建体制を維持する目的があった、とする考えです。「忠臣は孝子の門に出ず」と言われる通り、孝は忠義に通じます。それに基づけば、孝行者を育てれば忠義な人が増えます。忠義な人というと聞こえは良いですが、要は封建体制に従順な人ということです。幕府や藩の上に立つ支配者たちにとっては、自分に仕えてくれる都合の良い人々でもあります。だから為政者たちは、いつまでも封建体制を保ち、支配者であり続けるために孝子良民を表彰した、という考えです。この考え方にはやや幅があって、陰謀論的にとらえる人もいれば、単なる政治テクニックの一つとして考える人もいます。いずれにせよ、この考え方によって、旧来「名君」とされて来た大名たちを無条件に称えることはなくなりました。「仁政」というひとつの政治手法を採った為政者、と捉えられるようになったのです。

考え方の違いによって、孝行者への見方も大きく変わります。たとえば市町村史にそれは顕著です。明治から昭和二十年の終戦までの間、『〜郡誌』などと題した地方誌が数多く刊行されました。そこでは、郷土の歴史が自然、政治、文化など多方面から調査され、まとめられましたが、その中に郷土の偉人についてまとめた章もあり、地元の孝子や節婦が掲載されました。いっぽうで戦後から現代までに刊行された市町村史では、総じて扱いが軽くなっています。郷土の偉人について記すページはあっても、多くの場合、孝子良民は掲載されていませんでした。まれに掲載された場合でも、最後に「為政者は孝行者を表彰して民衆を手なずけようとした」、というような一文が付け加えられることが少なくありません。

封建制度の内と外

このように、孝子たちが市町村史から排除された理由が、軍国主義教育への反省にあったことは明らかでしょう。忠孝道徳の体現者である孝子たちは、軍国主義・封建体制を妄信した愚かで可哀想な人々、もっと言えば、プロパガンダの急先鋒である危険な人々、と見なされたのです。戦後に愛国少年がいなくなったのと軌を一にして、江戸から戦中までの孝子たちは無かったことにされてしまったのです。

しかしながら、物事を見つめ、考える切り口は無限にあるはずです。江戸時代の研究だからといって、すべてを封建制度に結びつける必要はありません。ましてや、近代の軍国教育と結びつけるのは、飛躍とも言えるでしょう。そもそも江戸時代の人々は、封建制度をどのように考えていたのでしょうか。江戸文化研究者の中野三敏は次のように述べています。

江戸の社会の安定というのは要するに、被支配階級は支配階級に対して、全く自分たちが支配されているということすら感じていないということ。それは一言で言えば被支配者が支配者に対して絶対的な信頼を持っていたということ、それに尽きる。

たとえば現在、我々が社会や政治において、疑うべくもない善だと考えているものに「自由」や「平等」が挙げられるかと思います。これらに対する我々の感覚と同じように、江戸時代に生きる人々は、封建制度を当たり前の良いものだと思っていたのです。そして、その秩序を守ることをこそ善と考えていました。

「封建体制」のような、当時の人にとって常態の制度を現代の視点で過剰に特別視すると、いつまでたっても、進歩した近代の側から遅れていた江戸時代を批判するという構図にとどまってしまうように思えてなりません。なので筆者は、もっと江戸時代の人々の感覚に即した視点で、当時の孝を把握したいと思うのです。

右のような立場から、本章では、江戸時代の孝子が社会においてどのような存在だったかについて、実際の例に即して確かめてみましょう。

2　落語「孝行糖」

あらすじ

まず、江戸時代の孝子は周囲からどのように見られていたのでしょう。このことを考える材料として、落語「孝行糖」を取り上げてみたいと思います。昭和の名人の一人である三代目・三遊亭金馬師（一八九四―一九六四）の十八番としてご存じの方も多い演目ですが、ルーツは江戸時代にあります。まずはそのあらすじを紹介しましょう。

与太郎が親孝行だというので将軍様から青緡五貫文を拝領しました。長屋の者たちがこれを元手に商売をさせようと考えます。嵐《あらし》璃寛《りかん》・中村芝翫《しかん》の芝居興行を当て込んで璃寛糖・芝翫糖という飴を売ってひと儲けしたという例を思い出し、孝行糖という飴を売らせようと考えます。町内の人々は売り声も考案してくれました。

孝行糖……孝行糖……孝行糖の本来は、粳《うる》の小米に寒晒《かんざら》し、榧《かや》ァに銀杏、肉桂《にっき》に丁字《ちょうじ》、チャンチキチン、スケテンテン。昔、昔、もろこしの……二十四孝のその中で、老萊子《ろうらいし》と言える人、親を大事にしようとて、こしらえあげたる孝行糖だ……食べてみな、おいしいよ、また売れた、嬉しいね。

身なりや鉦《かね》太鼓なども町内の人たちがそっくり工面してくれました。

親孝行の徳で、たいそう売れます。ところがある日、当時いちばんやかましいという、水戸様の御門前まで売りに来てしまいました。いつもの調子でやっているので、門番にひどく打擲《ちょうちゃく》されました。通りがかりの人の仲裁でなんとか助けられましたが、

「水戸様の門の前で鉦や太鼓を打って踊ったって売れるかよ、馬鹿やろう。よっぽどぶたれたろう。どことどこを打たれた？」

「こぉこぉとぉ、こぉこぉとぉ（孝行糖、孝行糖）」

最後は打たれた箇所を示す「ここと、ここと」と、売り声の「孝行糖、孝行糖」とをかけた「地口落《じぐち》ち」というオチです。

実在した孝行糖売り

この話は、もとは大阪でできた話だと言われています。研究書・参考書類には、明治初期の大阪に孝行糖を売り歩く行商がいて、その姿からヒントを得て大阪で作られたのがこの「孝行糖」という落語であった。それを三代目・三遊亭円馬（一八八二―一九四五）が江戸へ持って来て今のような話にした、と書かれています。

ただ文献をひもとくと、孝行糖売りという商売の歴史はもう少し遡ることができます。江戸時代の末期、神田の御成道《おなりみち》（いまの秋葉原周辺）に露天の古本屋をしていた藤岡屋由蔵《よしぞう》と

いう人がいました。この人には江戸の噂や事件などがあれば書き留めるという習慣があり、六十五年間も続いたその聞書は、百五十二冊にものぼりました。これは『藤岡屋日記』と称されて、近世江戸の風俗を知るのに欠かせない資料となっています。

この『藤岡屋日記』の弘化三年（一八四六）の記事に、孝行糖売りのことが挿絵入りで記されています。

> 二月の頃より、孝行糖といへる菓子売来ルなり。藍鼠色ニ雪降ニ竹の子の付たる半天を着て、うこんの三尺帯を〆、売あるき、せりふ、
> むかしむかし其昔、二十四孝の其中の、孟宗《もうそう》と云人は、親に永いきさするとて、こしらへ初めし孝行糖　トコトコトコトコトコ
> 孝行糖の生来イは、麦の粉、寒晒し、来〔ママ。甘の誤りか〕イのは大白で、にほいは丁ヲ子ィ、につけい、くるみに、かやァのミ、食べてみな、おいしかろ、お子様方の腹薬、トコトコトコトコ。

孝行糖という菓子売りが来て、その服装は、半天に雪と筍の絵が描かれていたといいます。この図柄はもちろん、中国の「二十四孝」の孝子・孟宗の故事によっています。冬に筍が食

べたいと願う親の気持ちをかなえようと、雪の竹藪に分け入ると、孝行の徳が天に感じて、雪の中から筍がニョキニョキと生えてきた、という話です。落語ではこの孟宗が老莱子という別の孝子に変えられていますが、そのほかの文句はかなり似通っています。

ちなみに東京・両国にある江戸東京博物館には、常設展示に「あめ　孝々糖屋」と書かれた看板が展示されています。これを見ると、かならずしも行商、つまり歩いて売るだけでは無く、店を構えて売ることもあったようです。

孝行者がする商売

落語「孝行糖」を聞いて私が面白く思うのは、ストーリー全体が孝行者への好意に満ちているところです。そもそもこの飴売りという商売は、お上から頂いた褒美を元手にどのような商売をするか、というところから考え出されたものですが、飴屋をやらせる時には、みんなが進んで衣裳や道具を買い揃えてくれます。結局そのお金を使うことなく、孝行糖売りは道具一式を揃えてしまった訳です。

そして飴はよく売れますが、それは売り手が孝行者であるという理由によってです。

「何だい？　あれは」

「あれは孝行糖という飴屋だろ」

「飴か」

「あんな馬鹿だけど、一人のおッ母さんを大事にするんだ。それがお奉行様のお耳に入って青緡五貫匁《もんめ》というご褒美を頂戴した」

「あいつがね」

「うゥん、それで町内のものが、『かわいそうな、感心なものだ』と、あんな身装《なり》をさせて飴を売らしている孝行糖という飴屋だよ。あの飴を一つ子供に食べさせると、その子供があやかって親孝行をするってんで……」

売っている人物の善行が、セールスポイントになっている訳です。こうした孝行者への好意というのは、現代の我々には分かりにくいかもしれません。

3　孝行者は人気者

観光名所にもなった？

「はじめに」で見た芭蕉のように、旅人が表彰された孝行者を訪ねて実際に会う、ということは、江戸時代には比較的よくあることだったようです。

江戸時代中期、伊勢国鈴鹿郡、東海道坂下宿《さかしたしゅく》（現・三重県亀山市）の近くに住んだ孝子・万吉も、多くの訪問を受けた一人でした。幼い万吉は、病の母と二人で暮らしていました。母の看病のかたわら、毎日街道で旅人の荷物持ちをして生計を立てていました。とはいえ、幼少の身では小さな手荷物や短い刀・薙刀《なぎなた》ぐらいしか持てず、手に入るのは僅かな金額に過ぎませんでした。とくに天明三年（一七八三）に全国的な飢饉で米穀の価格が高騰してからは生活が苦しく、母とわずかな食料を分け合って過ごしました。

八歳の秋、江戸の幕臣・石川忠房が大坂での務めを終えて江戸へ戻る道中、鈴鹿山の山中で万吉に出会いました。万吉はみすぼらしい姿でしたが、道の片脇に寄って会釈をします。その様子を気にとめた石川が話しかけて、その暮らしぶりを知ることになりました。峠の茶屋で休むと、茶屋の奥さんも、あとから店に来た人夫たちも、万吉の孝行や素直さを褒めそやして、どうか彼に何かを恵んでやってくれと頼むのでした。そのまま母の寝ている万吉の家に行き、母親からも話を聞いて感心した石川は、今後通りかかる際には必ず立ち寄ること、江戸へ帰ったら同僚にも広めることを約束して、万吉に白銀を下されました。従者たちも思い思いに万吉へ金品を与えました。以来、彼の孝行は広まり、ついに天明七年（一七八七）三月には、江戸に呼ばれて幕府から表彰されました。

そののち坂下宿の万吉の家は、観光名所とも言うべき場所になったようです。通りがかって万吉に会った人の中には、老中・松平定信や、水戸藩主・徳川治保《はるもり》、福岡藩主・黒田斉隆《なりたか》といった大名もいたそうです。また彼の家の門には、石川が書いた「孝子万吉宿」という表札が貼られていたといいます。さらに寛政六年（一七九四）に万吉の家に立ち寄った漢詩人・菅《かん》茶山《さざん》によれば、万吉の家の壁には、訪れた多くの人が詠んだ漢詩や和歌が一面に貼りつけられており、読み尽くせない程だったということです。

鈴鹿の孝子・万吉。その家には文人たちが訪れて作品を残していったという（『勢州鈴鹿孝子万吉伝』）。

そうして詠まれた和歌の一つを見てましょう。京都の公家・冷泉為泰《れいぜいためやす》が万吉の噂を聞いて詠んだ歌です。

なでしこの　是《これ》ぞまことの　はなの露　かかるもありと　あわれにぞきく
(子供の美徳のまさに精髄だ。このような者がいるのだと、しみじみと聞いた)

「なでしこ」というと今は女性のイメージですが、古典和歌の世界では子供のことを指します。子供の道徳、孝を体現した人物が実在していることを聞いた感動が歌われています。

サイン色紙までも

ところで、たとえば皆さんが有名人のお宅を訪ねる機会があったなら、記念にどのようなことをするでしょうか。今なら記念写真を撮る、サインを貰う、といったところでしょうか。孝行者の場合、単なる有名人というだけでなく、孝行という道徳の体現者です。ですから「あやかりたい」、という気持ちが加わりました。

大和国添上郡田原郷《たわらごう》和田村（現・奈良県奈良市）に、茂代《もよ》という孝女がいました。彼女は農民の養子でしたが両親に孝行で、とくに病気の母親をたいへん手厚く看病しました。これにより、安永四年（一七七五）、十一歳のとき、村の役所に招かれて褒美の米を下し置かれました。またその三年後には、田原郷の役所からも米を賜っています。

彼女を主人公とした孝子伝『和州《わしゅう》和田邑《わだむら》孝女茂代伝』（鎌田一窓著、天明元年〈一七八一〉刊）も刊行されています。この書物からは、彼女がどのようにもて囃されたかがよく分かりますが、とくに興味深いのは、その口絵です。

口絵には、「順」という文字が大書され、その右上に「孝女茂世（ママ）自筆」と書かれています。この「順」の字は、茂代が一筆書くことを頼まれて、サイン代わりに書いたものです。孝女が自分で「順」などという文字を書くのは、なんだか自慢しているようで可笑しく見えるかもしれません。当時はサインのようなものはありませんから、道徳的な文字を書いて貰った、という訳です。

孝女もよのサイン。みずから「順」と記した（『和州和田邑孝女茂世伝』）。

同じく大和国に、山口庄右衛門という孝行者がいました。その孝行については第四章第3節で触れるとして、ここでは彼が江戸で表彰されて帰郷する際に、方々で歓待された様子を窺いましょう。『孝子山口庄右衛門行状聞書』（写本）には、左のような記事が見えます。

帰国の砌《みぎ》り、道中にてもらひ候よしの発句、狂歌

有がたや孝にひかれて梓弓やまとのそらに帰るよろこ

び
梅さくらよき世に逢ぬかへり花
天の恵み盲亀の浮木うとう華はなし申さんかうかうかうと
筝《たけのこ》の大和へ出るや雪の中

江戸から大和国までの道中で、庄右衛門が詠みかけられた発句や狂歌です。おそらくは宿泊先に土地の文人が押し寄せて書き与えたものでしょう。たとえば一つめの狂歌は、「引く」「弓」「帰る」と、弓の縁語を用いて孝子が無事大和へ帰ることになったと喜んでいます。

庄右衛門も訪れた人たちに「孝」「貞」というようなサインをしていました。彼のケースで面白いのは、それが近所の商売にまでなっていた、ということです。天明二年（一七八二）春、庄右衛門は京都のある豊かな家に招かれて、滞在していました。そこへ旅人・高山彦九郎が訪問したさいには、近所の表具屋庄兵衛という店が、孝子にサインをしてもらうための、専用の用紙を売っていたというのです。それは片面に孝子庄右衛門の伝記が印刷され、もう片面が白紙のものでした（『京都日記』）。やや想像をたくましくすれば、紙質もそれなりの品だったことでしょう。当時普通の書籍に用いる紙だと墨の裏写りが甚だしく、それなりの品質でなければ裏面をサイン用にはできなかったからです。

いわばメダリスト

このように江戸時代においては、孝行者は道徳の体現者として、大変な人気と尊敬とを集めていました。旅人が訪れ、話を聞いては泣き、サインを求められるような存在だったのです。こうして見る孝子の姿は、我々が想像する様子とは大きく異なるのではないでしょうか。お上からの押しつけ、というような見方だけでは捉えきれません。注目すべき孝行が行われ、それが表彰されるや、階層を問わない多くの人々が祝福し、孝子もそれに応えていたのです。

江戸時代における孝行者の存在を現代にたとえて言うなら、オリンピックでメダルをとった選手、がしっくり来るのではないかと思っています。もちろん現代スポーツのプロパガンダ的な側面や、商業主義的な側面が批判されることはあります。しかし、オリンピックを見ている時の感動や熱気は、それだけで説明しきれるものではない、ということも間違いないでしょう。ましてやオリンピックのような大舞台でメダルを取った人に対して、その精進に冷や水をかけようとする人は、ほとんどいないでしょう。誰もが偉業と考え、称えられる存在、と言って良いかもしれません。

江戸時代における孝子も、それに通じると思います。現代ならば、自分を殺して家族に尽くすことに対しては、賛否両論の意見があるでしょう。「そこまでする必要があるのか」「自分の人生あってこその親孝行ではないのか」などいった意見は、当然のことだと思います。しかしながら、江戸時代の人々は、孝という道徳に素直な尊敬を持っていました。孝道徳の体現者であり、まして幕府や藩から表彰まで受けた孝子という存在は、江戸時代の人々にとって、無条件で称賛できる存在だったのです。

先に見た落語「孝行糖」が面白いと思うのは、そうした江戸時代以来の観点が、上手く噺の中に折り込まれている点です。江戸時代における孝行者への温かい眼差しと、江戸時代の多彩な物売り文化とを融合させて笑いに昇華した噺だと言えるでしょう。

全幅の信頼を置かれた孝は、単なる道徳という枠組みに留まらない存在であったはずです。親孝行をめぐって多くの伝記が書かれ、石碑が建ち、文学作品や絵画等を生み出しました。江戸時代は、親孝行という道徳が人々の心を動かし、創造を喚起しました。親孝行は文化を生み出す存在だったのです。

また、孝行者の話を見聞きすることは、江戸時代には一種の娯楽だった、とも言えるでしょう。もちろん「娯楽」と言っても、腹をかかえて笑う、ということではありません。現代のテレビでは健康番組やクイズ番組が人気を博したり、ワイドショーで政治の話題が多く取り上げられたりしています。笑うだけでなく、「へぇーっ」と感心したり、役立つ情報を知って得した気分になるのも、娯楽の一種なのです。

第四章

荒唐無稽な逸話の秘密

1　笑い種になった「二十四孝」

逸話の不思議

歴史上の孝行者は、さまざまなエピソードを持っています。ある者は貧しい親を助け、ある者は継母に尽しました。わがままな親の願いを叶えた者もいれば、頑迷な父親を諭した者もいました。こうした逸話に人々は感心し、孝行者を称えてきました。

しかし、彼らの孝行話の中には、あれ？　と思わせるものも少なくありません。親孝行のためとはいえ、目を覆うような難行苦行をした話があります。これは本当に親孝行と言えるのか？　と、悩んでしまうような奇行の話があります。また孝行のおかげで、現実にはあり得ないような奇蹟が起こった話もあります。

このような親孝行にまつわる不思議な逸話は、なぜ、どのようにして生まれたのでしょうか。この章では、親孝行にまつわる逸話の力学について考えてみたいと思います。丁度そんな逸話についての疑問を笑いの種にした「二十四孝」という古典落語があるので、これを考える手がかりとしましょう。

落語「二十四孝」

まずはあらすじを紹介しましょう。

男が大家のところへ駆け込んで来ます。聞けば、離縁状を二本書いてくれと言います。妻だけでなく母親にも離縁状を渡したいというのです。あきれた大家は、唐土《もろこし》（中国）の「二十四孝」の逸話を使って説教しますが、なかなか上手く行きません。

「王祥《おうしょう》という人がある。この人に一人《いちにん》のおッかさんがあって、いたって家が貧乏。ある冬のことで、おッかさんが鯉が食べたいとおっしゃった」

「ぜいたくな事を言いやがったね……で、食べさせたんですか」

「もとより貧乏だから買うことはできん。そこで釣竿を持って池へ釣りに行ったが、厚い氷が張っているから釣ることができん。仕方がないから裸になって、この氷の上へ腹ン這《ば》いに寝たんだ」

「冷てぇね、これァ……どうしました」

「腹の温かみで氷が丸く融《と》ける……そこから鯉が踊り出《いで》たという。これをおッかさんへ差し上げて孝行をした」

「そんな馬鹿な話はねえやなァ……だって、氷が融けるほど人間が寝てえてごらんなさいな。人間の方が先ィ冷たくなっちまうじゃァねえか。腹のとこだけ融けたって、そううまく行きゃァいいが、みんな融けりゃどうするン。池ン中へぼちゃっと落ッこって、えへっ、てめえの方がおうしょう（王祥／往生）しちゃう……」

「なにを言ってるン。おまえのような不孝者なら落ちるかもしれんが、これは孝行の威徳によって天の感ずるところがある」

「親孝行なんて都合のいいもんだねェ、どうも。ちょいと具合《ぐええ》が悪くなると感ずッちまうんだからなあ」

……と、こんな具合です。同じく親のために雪中へ筍《たけのこ》を取りに行った孟宗の逸話も、てんで心に響きません。それでも、何しろ親孝行をしろ、その後であれば離縁状は書いてやると諭されて、親孝行をしようという気になります。さっそく家へ帰り、「二十四孝」の孝行を母親に実践しようとします。

「母上、鯉を食わねえか」と聞くと、川魚は泥くさいから嫌いだと断られる。「じゃあ筍を食いねえ」と言うと、歯がなくなっちまったから固いものは食えねえよと、なかなか思うように孝行ができません。友達が来たので大家から聞いた「二十四孝」の話を聞かせようとしますが、これもとんちんかんです。

ここで男、呉猛《ごもう》という人の逸話を思い出しました。呉猛は、貧乏で蚊帳《かや》が吊れないため、酒屋で滑酒《したみ》という安い酒をもらって来て、裸になって自分の体に酒を吹き付け、蚊を引きつけて親を楽に寝かせようとした。しかしその孝行に天が感じて、蚊が一匹も呉猛を食わなかった、という話です。これを真似ようと「蚊帳が無くても一晩ゆっくり寝かせてやる」と酒を買いにやらせます。しかし酒が来ると「体に吹っかけるのは勿体ない。腹ん中に入れよう」と飲んでしまい、あげくの果ては高いびきです。朝まで寝てしまいました。しかし朝になって起こされてみると、自分の体はまったく蚊にさされていません。「お、親孝行の威徳によって天の感ずるところだ」と喜んでいると母親が「あたしが夜っぴて（夜通し）扇《あお》いでいたんだ」。

いまの落語のネタの多くは幕末・明治期にできたもの、と言われています。この「二十四孝」は、数ある話の中でも古くからの型を留めているものです。明治・大正期の速記が残っていますが、いま口演されている内容と、ほとんど変わっていません。

「二十四孝」は「オウム返し」というパターンの落語です。前半で、うっかり者が良い話を聞く。後半で、それを真似しようとして失敗する、というものです。「オウム返し」の手法を用いた落語は、他にも「子ほめ」「牛ほめ」「天災」「青菜」など、たくさんあります。落語の基本的パターンと言って良いでしょう。

孝行話の都合良さ

オウム返しの落語が数ある中で、この「二十四孝」が特徴的なのは前半部です。大家から親孝行の方法について学びながら、中国の『二十四孝』に出てくる孝行者をさんざんに茶化してゆくところが面白みとなっています。『二十四孝』とは、中国の史上から二十四人の孝行者を選んだ中国古典文学です。元《げん》の時代（一二七一～一三六八）に郭巨敬《かくきょけい》という人が作ったとされています。この作品は江戸時代以前から日本に伝わり、数え切れないほどの版が重ねられ、たいへんよく読まれました。日本人の心にも深く浸透した古典だったのです。

落語「二十四孝」で茶化す男の言い分を整理してみると、その論点は主に二つあります。

一つは、孝行者の親が贅沢だ、ということ。家が貧しいのに、親はそんなことは気にもか

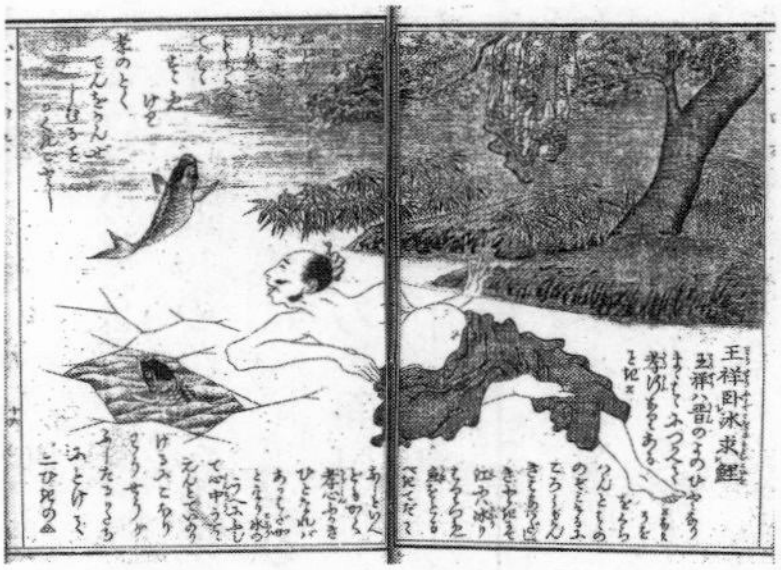

「二十四孝」王祥。親に鯉を食べさせようと、氷の張った川に裸で寝そべった（『通俗修身二十四孝』）。

けず、魚が食べたいとか、筍が食べたいとか、何かと食べ物の好みにうるさいのです。『二十四孝』の孝行者たちは、この親を満足させてあげたいと、氷の上に寝転がったり、雪の竹藪に分け入ったりするのです。これに対して落語の登場人物の男は、そんな殊勝な気持ちは持たず、親の食欲を批判するばかりです。「ぜいたくな事を言いやがったね」などと素直な感想を漏らして、これが笑いにつながっています。たしかに男の言い分も、一理あるかもしれません。

　二つめは、どの結末も何らかの奇蹟によって救われてしまうという、都合の良さについてです。王祥が氷の上に寝そべって、氷が融けても水の中に落ちたりしない。孟宗が竹藪に入ると、冬なのに筍が生えてくる。呉猛が夏に裸で寝ても、蚊が刺さない。このような都合の良い奇蹟が起こったことについて、大家さんは親を思う孝行心に天が感じたからだ、と説明します。しかし男には、これが納得いきません。「ちょいと具合が悪くなると感ずッちまうんだからなあ」などと、救われた孝行者たちを茶化すところが面白みになっています。

この落語ではあまり描かれていませんが、江戸時代の戯作や川柳などで『二十四孝』に対する感想を見ていると、もう一つ、よく疑問を持たれるポイントがあります。それは、孝子たちの行動の奇抜さです。夏に酒を体に吹き付けて裸で寝たり、氷の上に裸で寝そべったり、というのは、どう考えてもまともな行動ではありません。

このように『二十四孝』には、荒唐無稽な逸話が数多く収められています。しかしそれは、必ずしも奇異や疑いの目をもって見られていた訳ではありません。じっさい、『二十四孝』は江戸時代の日本でも、大変よく読まれていたのですから。その背景に孝という道徳への信頼があったことは間違いありません。しかし、それだけではないでしょう。逸話そのものにも、素直に受け入れさせるようなカラクリがあったはずです。それを探ってゆきましょう。

2　好まれた奇行と苦行

「する孝行」と「聞く孝行」

江戸時代には親孝行に関する教訓書がよく書かれました。ただしこれらを読んでも、『二十四孝』のような行動をしろと書いてはいません。氷の上で寝たり、雪の中へ筍を探しに行け、と言っている訳ではないのです。一例を挙げてみましょう。中江藤樹《なかえとうじゅ》『翁問答《おきなもんどう》』（寛永二十年〈一六四三〉刊）は、庶民の行うべき孝について次のように記しました。

農工商どの身分の人も、それぞれの仕事をしっかりと務め、怠けず、食料や財産を貯え、無駄遣いをせず、行いや心の持ちようを慎み、法律に背くことはしない。自分や妻子のことは後回しにして、父母の衣食を第一に考える。がんばって手の届きにくいものも調達して父母を喜ばせ、よく養う。これが庶民の孝行だ（巻之二）。

ここには、『二十四孝』に見られるような奇抜さは見られません。氷の上に寝たり、裸で蚊を寄せ付けたり、という行動は、当時の感覚としても、実践すべきものと考えられていた訳ではないのです。

しかし、だからと言って、藤樹が勧めるような、家業に専念するような孝行者だけを集めた本を作ったら、どうでしょうか。おそらく、ごく平凡でありきたりなものになってしまい、何の面白みも無いことでしょう。もし仮に『二十四孝』が平凡な孝行で満ちあふれていたら、人気は出ず、江戸時代に広く流布することもなかったはずです。やはり、わざと蚊に刺されようとしたり、氷の上で寝たりするからこそ、人々の興味を引き、広まったのです。

実はこの違いは、「する孝行」と「聞く孝行」という、二種類の親孝行の役割の違いに基づいています。家業を全うせよ、肩を揉め、というのは常識的でまっとうな意見です。これが「する孝行」です。いっぽう「聞く孝行」とは、『二十四孝』に出てくるような逸話です。これらは都合よく奇抜すぎて、日常生活において真似することは不可能です。しかしこれにも役割があります。その人物が他人とはレベルの違う孝行者であるという事や、孝行がいかに果報をもたらすかという事を、一例をもって納得させ、孝を強烈に読者に印象づけるようなインパクトを持っています。

落語「二十四孝」は、「する孝行」の立場から「聞く孝行」を茶化して笑いにした作品である、と言えます。ただしその笑いは、孝そのものへの信頼があってこそ生まれるものだ、ということも忘れてはならないでしょう。

「聞く孝行」の構造

「聞く孝行」について、もう少し掘り下げてみましょう。聞く人のこころを揺さぶり、孝行を印象づけることができる話とは、どのようなものでしょうか。そう考えて内容を分析してみると、大きく二つの重要な要素が浮かび上がります。「行動」と「結果」です。

「行動」はもちろん、親のためにこんな孝行をした、という種類の逸話です。もう一つの

「結果」というのは説明が必要かもしれません。これは、親孝行をしたおかげで、どのような良いことが起こったか？という逸話です。孝行話のほとんどは、この「行動」と「結果」の組み合わせで出来ています。そして、それぞれに独自の役割があります。

ここからは、「聞く孝行」の話に見られる典型的な「行動」「結果」について見てみましょう。まずは「行動」から見てみたいと思います。

痛みと糞尿

孝行話の中の「行動」は、読み手に「親のためとはいえ、ここまでする人がいるのか」と感心させることが肝要です。親を思うあまりに、子が苦難を耐え忍ぶ、という話なら間違いないでしょう。その苦難は、分かり易いものであればあるほど効果的です。誰もが嫌がる苦難とは何でしょうか。痛み、はその最たるものでしょう。

賭弓《のりゆみ》は公家の年中行事で、左右に分かれて弓の技能を競うものです。平安時代、藤原兼家の家臣・武則の子である公助が参加しましたが、満足な成績を収められませんでした。父・武則はそれを見て怒り、人前にもかかわらず、公助を杖で打擲しました。公助は逃げずにその杖を受けました。あとで逃げなかった訳を尋ねられると、公助は、「父は老いて気が短いのです。もし私が逃げれば、必ず追いかけてくるでしょう。そうしたら転ぶかもしれません。

父が怪我をするのを恐れて、逃げなかったのです」と答えました。鎌倉時代の説話集『古今著聞集』に載る、痛みを軸とした孝行話です。

痛みの他に、糞尿にまつわることも孝行話にはよく出てきます。たとえば伊勢国飯高《いいたか》郡松坂領古井《こい》村（現・三重県松阪《まつさか》市）の百姓・甚助は、目の見えなくなった母が厠《かわや》へ行くのを昼夜助けました。加えて、もし自分が寝ている間に母が一人で厠へ行ってしまったらと心配になり、履きやすいようにと厠の外に草履をたくさん置いておきました。また年をとって厠へ通いにくくなった父の糞尿は、甚助が自分の手で受けました（『官刻孝義録』）。また、丹後国加佐《かさ》郡岡田由里《おかだゆり》村（現・京都府舞鶴市）の百姓・武左衛門・たあ夫婦は、父親をよく養いました。夜は父の左右に伏して、寒い時は身をもって温め、物語して慰め、手足をさするなどしました。また大小便は寝たままさせて、妻はその汚れた敷物を夜の明けぬ内に洗い、家の他の者たちに知らせないようにしました（同上）。

随身公助。父の体を気遣って、打擲されても逃げなかった（『本朝孝子伝』）。

糞尿が汚いもの、人のいやがるものだと

いう認識には、古今東西を通じて、ほぼ変わりがありません。一方おなじ人の嫌がるものでも、たとえば雪かきの苦労は、南国の人には通じにくいでしょう。また冷めた食べ物や辛い食べ物も、好みの問題と言ってしまえばそれまでです。その点で糞尿は、汚いもの、嫌なものの代表として、もっとも分かりやすいものです。それを親のため嫌がらずに片付けたとなれば、たやすく孝行ぶりが伝わります。

ある人物の親孝行ぶりを強調し、かつ印象づけるために、痛みと糞尿の話は、もっとも効果的だったのです。

旅という苦行

長距離の旅も、親のためにする苦難を表現する格好の素材です。江戸時代の後期に、親をたずねて大旅行を行い、世間から称賛された姉妹がいました。豊後国（現・大分県）の川野初衛門という農民は、妻を早く亡くしましたが、つゆ、ときという二人の娘がいました。初衛門は熱心な浄土真宗の信者で、知り合いに誘われて親鸞の遺跡巡りに旅立ちましたが、足を悪くして常陸国久慈郡東連寺村（現・茨城県常陸太田市）にある青蓮寺で寝たきりになってしまいました。しばらくして父の病状と所在とを知った二人は、つゆの夫に反対されながらも奉行所に訴え、ついに、父が旅立ってから七年後の文化八年（一八一一）六月、父を訪ねる旅に出ました。当時つゆは二十二歳、ときは二十歳でした。

危険を避けて路銀もほとんど持たなかったので、人々に物乞いをしながらの旅だったということです。若い女性二人の旅ゆえ、道すがらは何度も危ない目に遭いましたが、約六ヵ月をかけて、三百里（約一二〇〇キロメートル）を旅して、ようやく父のいる青蓮寺へたどり着きました。常陸国では孝女姉妹の命がけの旅に感激し、褒美の他、さまざまな歓待がなされました。そののち父の病もやや癒えたため、臼杵《うすき》藩江戸藩邸の助けもあって、翌年の四月、無事親子で豊後の国臼杵に帰り、ここでも孝女として大変称えられました。

自ら島流しにされる

旅、と言って良いかは分かりませんが、第三章第3節でも触れた山口庄右衛門は、苦行の中でもとびきりの部類でしょう。彼は大和国十市《とおいち》郡八条村（現・奈良県磯城《しき》郡田原本《たわらもと》町）の長・与十郎の子でした。郡の村々が徒党を組んで稲刈りを放棄し、年貢の減免を願い出るために京都奉行所へ箱訴《はこそ》（目安箱への投書）を行いました。徒党を組んだ罪は逃れがたく、長だった父・与十郎は、宝暦五年（一七五五）八月、伊豆の新島《にいじま》へ流罪となりました。

それから十一年後の明和三年（一七六六）六月、遠江《とおとうみ》国の権八という者が庄右衛門を訪ねて来ました。彼も罪があって新島に流されていたのですが、恩赦によって許され、西国巡礼のついでに立ち寄ったのでした。
彼によれば、与十郎は好きな立花《りっか》（華道のこと）で島の人々を喜ばせ、隠居隠居ともてはやされていました。しかし故郷を思う涙のために目を病み、とくに仲間が賊難で横死してからはいっそう力を落として視力が弱まりました。行っていた酒商いもできなくなり、島の人たちの情けで飢えを凌いでいる、というのです。

庄右衛門。島流しの父を追って自らも新島へ渡った（『八条物がたり』）。

これを聞いた庄右衛門は自分も新島へ渡ろうと、田畑を庄屋年寄に預け、家を弟に任せて、明和五年（一七六八）十一月、大和国芝村藩の役所へ訴え出ました。その願いは江戸まで届き、勘定奉行の吟味を経て、ようやく新島行きが許されることになりました。新島に渡り、島人の案内で父与十郎の住む、九尺四間のみすぼらしい藁屋での再会を果たしました。父と暮らすこと九年、庄右衛門による帰国赦免の訴えが実り、ついに許されてともに八条村へと戻ることができました。江戸から大和国に戻る際には、勘定奉行の安藤弾正らから様々の褒美を拝領したといいます。

罪を犯す、嘘をつく

親を思うあまりにする奇行でしばしば見られる逸話が、親のために社会のルールを破る、というものです。平安時代の貴族・藤原伊周《これちか》はその好例です。伊周といえば、藤原道長との勢力争いや、花山院に矢を射かけた事件などによって左遷させられた逸話を『大鏡』などで読んで、やや滑稽な敵役、というイメージを持たれているかもしれません。彼の孝行話は、播磨《はりま》（現・兵庫県）に配流された後の逸話です。病に倒れて危篤になった母は、うわ言でも伊周に会いたいと言っていました。これを知った伊周は、「これより重い罪に沈んだとしても、母にひと目会わなければならない」と、播磨を忍び出て、こっそりと京都へ戻って母に対面を果たしました。しかし後にそれが露見して、より遠い太宰府へ流されてしまった、というのです（『本朝孝子伝』公卿部「帥内大臣《そちのないだいじん》」）。

藤原伊周。流罪先から病の母に会いに行った（『本朝孝子伝』）。

公に罰せられるところまで行かなくても、親に嘘をつく、という話もあります。たとえば、寛永ごろの京都に、衣裳に絵を描く職人で、勘兵衛という人がいました。彼の父親は酒が好きでした。夫婦はしばしば買って勧めましたが、父親は家の貧しさを知っていたので、飲んでも楽しまず、時には口を付けないこともありました。そこで夫婦は、千両箱を一つ買い求めて、その中に石や瓦をいっぱいに満たしました。これを持って父の前に出て、「去年はいつもより儲けが多かったので、借金をみな返済してもまだこんなに余っています。これを酒代にすれば、お父さんが生きていらっしゃる間では使い尽せません」と言うと、父は本当に家が豊かだと思い込んで、以来亡くなるまで安心して酒を飲み続けました。

法を破る、嘘をつくというのは、社会通念上で悪とされる行為です。もはや孝の枠組みを超えてしまっているようにも見えます。しかし、それが親を思う余りに行ったのだ、ということになれば、「親のためにそこまでするのか」と、一転してその孝心が強調されるきっかけとなるのです。

奇行を勧めているのか

以上、「聞く孝行」すなわち親孝行話に特徴的な「行動」を見てきました。代表的なものとしてここでは痛みの話、糞尿の話、旅の話、罪を犯す話、親を騙す話という五つのパターンを挙げました。これらは、孝行ぶりを表す話題として、伝統的に用いられてきたものです。

くり返しになりますが、これらのエピソードは、読む人に「親のためには長旅をしなければならない」「孝行のためなら罪を犯しても良い」と言っている訳ではありません。あくまでも、「親のためにこんなことまでする人がいたよ！」と孝を印象づけるたとえ話であり、「聞く孝行」の一種なのです。

3　行動と結果のバランス

信じられていた「孝感」

「聞く孝行」において孝行ぶりを表すためには、「親孝行をした結果、こんな良い目にあったよ」と、「結果」を示す方法も有効です。落語「二十四孝」に出てきたような、冬に筍が生えたり、蚊に刺されなかったり、という逸話はその典型的なものです。また先に見た養老の滝の逸話も、日本における代表例でしょう。

若狭国早瀬浦《はやせうら》（現・福井県三方郡《みかた》美浜町《みはま》）の孝女・糸《いと》にも、奇跡の逸話が残っています。糸の夫は他国で魚を商うことを業とし、留守がちでした。舅が八十歳に及んで病気がちでしたが、これによく仕えて少しもその心に背きませんでした。ある年の雪が深く積もった頃、舅

若狭の孝女・糸。その孝心に天が感じたのか、鳶が魚を落としていった（『若州良民伝』）。

が茄子の羹《あつもの》を食べたがりました。しかし、こんな季節に新鮮な茄子はありません。仕方なく糸は近くの寺へ行って糠漬けを二つ得て、川水に浸しました。すると水神がその孝心を憐れみなさったのか、糠漬けが鮮やかな若紫色に立ち返りました。またある時、舅が生きた魚を食べたがりました。海が何日も荒れて漁が無く、望み薄ながらも、いつも通り門を出たところ、不思議なことに忽然と空から一尺余の生魚が足下へ落ちてきました。これはどうしたことかと思う間もなく押し頂き、家に帰り調理して舅にすすめました。折からの寒風で隣家の屋根を修理することがあって、三、四人が登っていましたが、家の棟に鳶《とび》が一匹魚を摑んで止まっていて、糸が門に出るとその魚を落として飛び去ったのを見ていました（『若州良民伝』）。

孝行によって奇蹟が起こる。このことを落語「二十四孝」では「孝行の徳によって天が感ずるところだ」と説明していました。この考えは、「孝感」と呼ばれて輸入され、広く信じられて来たものです。江戸時代前期には、独庵玄光《どくあんげんこう》という肥前《ひぜん》国の禅僧が、『孝感編《こうかんへん》』（延宝五年〈一六七七〉刊）という書物を刊行しました。孝感にまつわる中国の逸話を集めたもの

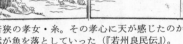

です。この書物は好評を博したようで、『続孝感編』（元禄十七年〈一七〇四〉刊）という続編も刊行されました。

「孝感」は、決して疑いの目をもって見られていた訳ではありません。このことは、「はじめに」で見た松尾芭蕉の例でもお分かりいただけるでしょう。鰻が自宅の水瓶に現れた、という孝女・伊麻に面会し、実際に水瓶を目にした芭蕉は、素直な感動を書翰に記していました。孝感を信じていた江戸の人たちは、現代人よりも考え方が頑迷だったのでしょうか。私はそうは思いません。胸に手を当てて考えてみれば、現代の我々も、けっこう非合理的な迷信を信じているのですから。

表彰が何よりの結果

江戸時代の孝行話は、ほとんどが同じ終わり方をしています。それは、幕府や大名、名主などから、孝行者として表彰された、という結末です。最後まで読んでも表彰されていない孝行話が江戸時代にあれば、逆に注目しなければならないほどです。

表彰が結末になっている話が多いのには理由があります。表彰されたということは、その人物が孝行者であるということの、いわゆる「お墨付き」となるからです。このあたりは現代人の資格に対する感覚と近いかもしれません。たとえば塾の先生になるなら、教員免許を持っている方が断然採用されやすいでしょう。いくら教え上手で知識を持った人でも、教員免許を持っていなければ、なかなかその実力を信用してはもらえません。

ここまで、「これは本当に親孝行と言えるのか？」と首をかしげたくなるような奇抜な親孝行をたくさん見てきました。もしこうした奇抜な逸話がそれだけで完結していたらどうでしょうか。感心する人、笑う人、いやな顔をする人など、反応は様々でしょう。しかし奇抜な逸話でも、最後に「こうした行いが藩主の耳に届き、褒美を賜りました」と結ばれると、反応は変わってきます。「さすがは孝行者、やることが違う！」と受け入れられ、孝行話として広まってしまうのです。江戸時代の孝行話においては、表彰されたということが最高の「結果」だったのです。

五郎右衛門の不思議さ

日常的に実践する「する孝行」と「聞く孝行」は違う。そして「聞く孝行」の逸話は「行動」と「結果」とに分類できる。このようなことを理解すると、面白い現象に気づかされます。「結果」が「行動」に影響を与える場合があるのです。

例を挙げてみましょう。第二章第1節で、駿河国の中村五郎右衛門について紹介しました。江戸幕府が表彰した孝行者の第一号です。思い出して頂きたいのですが、彼は表彰されるまで、誰から尋ねられても、自分は孝行などしていない、と言い張り続けていました。江戸へ招かれて勘定奉行から取り調べを受けても、孝行話をするどころか、自分が遠い昔にした親不孝の話をする始末。最終的には勘定奉行が「そんな昔の不孝話を覚えているなんて、その一事でもってお前が孝行者であることは明らかだ」と頓知噺のように結論づけて、無事に（?）孝行者として表彰されたのでした。

この五郎右衛門を「行動」と「結果」という面から考えてみると、大きくバランスを欠いていることが分かります。彼は、幕府から直々に表彰されるという、当時としてはこれ以上ないほどの「結果」を得ました。しかし一方で彼には、「さすが幕府から表彰されるだけの孝行者だ」と納得させるようなエピソードを、ほとんど何も持っていなかったのです。これでは五郎右衛門のことを見聞きする人が納得しません。また彼のことを他人に伝えようとする人も、なんだか物足りない気がしたことでしょう。

こうした「行動」と「結果」とのアンバランスは、語り継がれて行くうちに、どんどんと調整されてゆきます。五郎右衛門の場合、「結果」は十分ですから、それに釣り合う形で「行動」が多く語られるようになって行きました。つまり五郎右衛門は、伝えられてゆく内に、いつのまにか、様々な孝行をしたことになって行ったのです。

片足に下駄、片足に草履

たとえば次頁の絵を見て下さい。『本朝孝子伝』の挿画ですが、大きな荷を背負って山を登っているのが五郎右衛門です。彼はどのような孝行をしているのでしょうか。本文では、五郎右衛門が親の位牌を背負って富士登山をした、という逸話が書き残されています。富士山に登ると、現世・来世の両方で御利益がある、という言い伝えを聞いた五郎右衛門が、亡くなった親があの世で幸せになれるように、と願っての行動だったということです。

つぎに、『俳諧絵文匣《えぶんこ》』（享保七年〈一七二二〉刊）という作品に掲載された五郎右衛門の図を見てみましょう。じつはこの絵にはおかしい点があるのですが、分かりますか？——そうです、左足に下駄、右足に草履を履いています。じつはこれも、五郎右衛門に伝わる、こんな逸話を絵にしたものです。

ある雨の後の日、五郎右衛門が出かけようとすると、父は晴れるから草履を履いて行けと言い、母はまた雨が降るから下駄を履いて行けと言う。どちらの気持ちにも背きたくないと考えた五郎右衛門は、片足に下駄、片足に草履を履いて出かけた。

こうなると、苦行というよりは奇行と言うべきでしょう。

左　両親の言いつけに従うため、片足に下駄、片足に草履を履いた（『俳諧絵文匣』）。
右　親の位牌を背負って富士山を登った（『本朝孝子伝』）。

こんな話も伝わっています。「五郎右衛門というのは、どれだけの孝行者なのか、見てやろう」と、彼の家を訪れた人がいました。そうすると、五郎右衛門は外出していて、その母が出迎えてくれました。しばらく話していると五郎右衛門が帰宅しました。すると五郎右衛門は、母親に肩を揉ませ、足を洗わせるのです。訪問者は怒って、「お前は孝行者だというから来てみたら、なんという親不孝者なんだ！」と非難しました。すると五郎右衛門は、「母親にこういうことをさせるのは申し訳ないとは常に思っています。ですが、これをしないと母親は機嫌が悪いのです。ですから仕方なく、したいようにしてもらっています」と答えました。これを聞いた訪問者は五郎右衛門を見直して帰った、という話です。

事実か虚構か

こうした五郎右衛門のさまざまな逸話を眺めて、まず気になるのは、これらの五郎右衛門の様々な行動は、本当に五郎右衛門がしたことなのか、ということです。これを判断するのは難しいことです。五郎右衛門は表彰当時、「私は親孝行などしていない」と言っていました。しかし周囲の人達には当然、「江戸幕府から表彰されるほどの孝行者なんだから、なにか立派なことをしたに違いない!」という気持ちがあったでしょう。五郎右衛門について人々が語り継いで行くうちに、何らかのきっかけで、ありもしない逸話がどんどんと五郎右衛門のものとして、付け加えられて行った、と考えるのが自然です。

だからと言って、全てが絶対に無かったとも言い切れません。五郎右衛門が表彰されたあと、「ああ、そういえばあんな事もしていた」と、周りが思い出すのは十分にありえることです。ひいき目で見るうちに、やることなすこと孝行に見えてくる、ということもあるでしょう。

事実か虚構か、というのはどうでも良いことです。いずれにせよ、このような逸話には十分な意味があると考えるからです。これらの逸話は、江戸から明治にかけての人々が、五郎右衛門に期待した結果の産物です。それだけ五郎右衛門が受けた「将軍からの表彰」という事実が重かったことを証明してくれているのです。

4 逸話をどう捉えるか

文学としての孝行話

最後に、「聞く孝行」と文学との関わりについて触れておきたいと思います。

江戸時代とはいえ、こういう美談的な「親孝行」が、実際に日常的に行われていたと考える必要はありません。また、江戸時代の為政者が、苦痛を伴うような行動や、奇蹟を期待するような無謀な行動を強要し、それを遵守させようとした訳でもありません。

ただ、美談が必要な場合というものがあったのです。たとえば孝行者を表彰してもらうために、いかに優れた人物かを伝えようとする場合。あるいはその孝行者を他の地域や後世に紹介しようとする場合。またあるいは、孝行者の伝記を示すことで、子供たちに孝という道徳の重要さを伝えようとする場合もそうでしょう。こうした場合には、「親のためにこんなことまでした」「親孝行したのでこんな良いことがあった」というような、めぼしい逸話が必要になります。つまり「聞く孝行」とは、「伝える孝行」でもあったのです。

こう考えて来て気づかされるのは、江戸時代の親孝行が、文学の問題を抜きにして語れない、ということです。孝道徳とそれにまつわる政治や社会的な営みにおいては、ほとんどの場合それを文章にして伝える、という行為が伴いました。そこにはさまざまな文飾やアイディアが盛り込まれます。その工夫は、まさに文学的な営みと言うべきものです。「孝などという道徳を扱い、政策におもねった文章など、文学に入らない」という言う人がいたら、それは近代の文学観に毒されていると言わざるを得ません。それぞれの時代には、それぞれの時代の文学があったのです。

仏教説話との共通点

また、孝行話を説話文学の一種として考えると、気づかされることがあります。それは孝行説話の型が、中古・中世に広まった仏教の往生伝と共通する面が多い、ということです。往生伝とは、極楽に往生した人々の伝記を集めたものです。中国では唐の時代からあるもので、日本では八世紀末に編まれた慶滋保胤《よししげのやすたね》著『日本往生極楽記』以降、江戸時代に至るまで多くの往生伝が書かれました。

往生伝に書かれた信仰厚い人々は、孝行者と同じように、さまざまな苦行、奇行を行いました。たとえば大江匡房《おおえのまさふさ》編『続本朝往生伝』（十二世紀初頭成立）の第二十話には、延暦寺の楞厳院《りょうごんいん》に住する阿闍梨《あじゃり》範久《はんきゅう》というお坊さんが出てきます。この人は一生極楽へ行くことを願っていたので、行住坐臥《ぎょうじゅうざが》、つねに極楽があるという西方に背中を向けませんでした。山に登るときも、西に背中を向けないように、身を斜めにして歩きました。範久はよく「木は倒れるとき、常に傾いている方角に倒れる。だから、いつも西の方角を心がけていれば、きっと西方の極楽へ行けるはずだ」と言っていた、というのです。

これは極楽往生を願う故ですが、周りの人から見れば、あきらかに奇行のたぐいでしょう。孝行者が親を思うあまりに取った行動が、苦行や奇行に類するものであったのと似ています。

このような奇行の主たちは、最終的にどうなったのでしょうか。範久の逸話の末尾には、死ぬときに苦しんだりしなかった、と書かれています。これは仏教説話によく出てくる正念往生《しょうねんおうじょう》という表現です。彼らが往生できたかどうかを、極楽まで確認に行くことはできません。よって代わりに、こうした現象を往生の証だと読み取ったのです。ほかにも例えば、茶毘《だび》に付した煙が西にたなびいた、死の瞬間にどこからか音楽が聞こえた、などといった出来事が、往生を判断する根拠になりました。極楽往生を願って苦行や奇行に見えるような信仰生活を行った僧たちの努力は、こうして最終的に往生を遂げることによって報われたのです。

極端な行動→善果、という話の型に着目すると、孝子伝と往生伝とは相似形にあります。双方とも、仏教と孝という違いこそあれ、信じる善のために極端な行動を行いました。そしてその行いは、仏あるいは為政者に認められて幸いな結果をもたらしました。僧は西方極楽に往生が叶い、孝行者は表彰を受けて親に利益や栄誉をもたらしたのです。

時代を映す伝記

もちろん、極端な行動→善果、という話型は、普遍的なものなのかもしれません。たとえば戦時中には、武勇伝や銃後の美談も同じような構造を有していたはずです。海外にも、同じ話型の逸話はたくさんあることでしょう。ただだからこそ、こうした話の盛衰は、時代の要求や潮流をよく表しているとも言えます。中世に孝子の表彰がほとんど見られない、ということは、先に第一章第3節で述べました。よって孝子伝の数も数えるほどしかありませんでした。仏教が盛んなこの時期には、当然ながら往生伝、高僧伝の類が数多く生まれ、伝えられました。そして江戸時代に入ると、取って代わるかのように孝子伝をはじめとして、貞女伝、忠臣伝などが隆盛となりました。往生伝から孝子伝への変化は、中世から近世への移り変わりを象徴する出来事だった、と言えるのではないでしょうか。

第五章　孝子日本代表を探して

1　日本史上に孝子を探す

代表選出の季節

江戸時代に入ると、特定のテーマにおける代表的な人物を、日本史上から選んだ書物が数多く編まれました。たとえば高僧、武将、儒者などのオーソドックスなものから、美人、隠者、仙人、夭折した武将といったニッチなものまで、それは幅広い展開を見せました。この背景には、出版文化の隆盛によって多くのテキストへの目配りが比較的容易になったことがあります。

孝道徳の体現者である孝子も例外ではありませんでした。中国の『二十四孝』が日本に広まって、孝という道徳、孝子という存在が知られるようになれば、「我が国にも孝子がいたはずだ」と考えるのは自然なことでしょう。孝子日本代表選出の機運が高まってきたのです。私の知る限りでは、十七世紀の間、次のような、日本人が登場する孝子伝が編まれました。

1 『十孝子』 寛永二十〜二十一年(一六四二〜三)か 写 林羅山(儒者) 漢文か
2 『釈氏二十四孝』 明暦元年(一六五五) 刊 元政(僧) 漢文
3 『勧孝記』 明暦元年(一六五五) 刊 宗徳(僧) 平仮名
4 『本朝言行録』 寛文元年(一六六一) 写 林鵞峰(儒者) 漢文
5 『大倭《やまと》二十四孝』 寛文五年(一六六五) 刊 了意(僧) 平仮名
6 『釈門孝伝』 寛文六年(一六六六) 刊 高泉(僧) 漢文
7 『続本朝人鑑』 延宝二年(一六七四) 写 林鵞峰(儒者) 漢文
8 『本朝孝子伝』 貞享二年(一六八五) 刊 藤井懶斎(儒者) 漢文

こうしてみると、それぞれがバラバラな取り組みを行っていたことが分かります。たとえば著者像。儒者も僧も、こぞって著しています。1の林羅山は将軍に近かった儒学者で、三代将軍・家光《いえみつ》の求めに応じて書いたもののようです。8の藤井懶斎は引退した儒学者、6の高泉は中国から来た渡来僧です。中身もさまざまで、2、3、6は、中国人の孝子が並ぶ中に、日本人が少しだけ混じるもの。5の『大倭二十四孝』は、実在めかした架空の人物までもが収録されています。

これらの伝記集に選ばれた個々の孝子を確認してみると、いくつもの本に何度も採録された定番とも言うべき孝子もいれば、ある特定の編者だけが選んだ珍しい孝子もいます。中には資料の恣意的な曲解によって認定された孝子もいます。こうした振り幅の中から、日本の歴史から孝子を選ぶことの、資料的、思想的、文学的な営みを覗いてみましょう。

2　定番孝子、意外な孝子

定番の孝子たち

十七世紀の営みを土台として、江戸中期から近代にかけて、『本朝二十四孝』と題したような日本史上から選んだ孝子伝が数多く編まれました。こうした営みを繰り返して、日本史上の「代表的」孝子が定まって行ったのです。

たとえば、第一章2節で挙げた、天皇から表彰されて六国史に掲載された奈良・平安時代の孝子・孝女たち。さらに、中世の説話集に取り上げられた養老の孝子、桂川の孝僧などといった人々は、孝子伝にしばしば出てくる顔ぶれです。

このほか、中古〜中世でいえば、平重盛《しげもり》と楠木正行《まさつら》がほとんどの書物で名が挙がった孝子です。

平重盛は平清盛《きよもり》の長男です。彼の孝行は『平家物語』に見えます。父・清盛と後白河法皇との間で緊張が高まり、清盛は法皇を幽閉しようと武装しました。それを押しとどめるために清盛のもとへ赴いて言葉を尽して説得し、最後には、

後白河法皇を守って忠を尽そうとすれば、山よりも高い父の恩を忘れることになる。不孝を逃れようとすれば、法皇に対して逆臣になってしまう。進退窮まってしまった。どうして良いか分からない。どうぞ私の首を刎ねてください。

とまで詰め寄って、清盛を思いとどまらせました（「教訓状」「烽火の沙汰」）。『孝経』に説かれていた、悪い父を諫める人物の代表、と言って良いでしょう。

平重盛が忠と孝との板挟みの苦しみを吐露した一方で、楠木正行は、忠と孝とが一致した存在でした。彼の活躍は『太平記』に見えます。南朝の忠臣・楠木正成《まさしげ》とその子・正行は、

新田義貞《にったよしさだ》に加勢するよう天皇から命ぜられ、北朝の足利尊氏《あしかがたかうじ》を迎え撃つために兵庫へ向かいました。しかしこれが最期の戦いになるだろうことを悟っていた正成は、桜井の宿（現・大阪府三島郡島本町）で正行を帰すことにしました。そのさい正成は、

このあとは必ず尊氏の世になる。降参せず、一人でも生き残っている間は、金剛山に立て籠もって命がけで戦い、名誉を後の世に残しなさい。これこそがお前のできる孝行だと思いなさい。

平重盛。法皇を幽閉しようとする父・清盛の暴挙をとどめるために駆けつけた（『本朝孝子伝』）。

と諭しました（「楠正成兄弟兵庫下向の事」）。果たして正行は成長ののち、父の遺志の通りに獅子奮迅の戦いをして、四《し》条畷《じょうなわて》の戦いで尊氏の重臣・高師直《こうのもろなお》を追い詰めますが、さいごは力尽きて自刃しました（「秦の繆公《ぼっこう》敵の囲みを出づる事」）。

正行の場合、父に対して何か直接の親孝行をしている訳ではありません。しか

しここでは、息子が天皇に対して忠義を尽すことは、親の願いそのものでした。つまり、主君への忠イコール親への孝だったのです。

江戸時代の人物で定番孝子と言えば、中江藤樹を挙げねばなりません。日本における陽明学の祖と言われる藤樹は、思想の中心に孝を据えましたが、自身も孝子として生前から知られていました。大洲《おおず》藩（現・愛媛県）に仕えていましたが、近江《おうみ》国の小川村（現・滋賀県高島市）に住む母を養うため、仕官を辞して故郷に戻り、私塾を構えて教えながら、孝養を尽しました（『本朝孝子伝』）。

仏教説話から孝子説話へ

先のリストの1番、林羅山『十孝子』は、将軍・家光の命に応じてか、日本史上から十人の孝子を選んだものです。そのうち九番目に選ばれたのが、「大江佐国《すけくに》の子」という人物でした。彼はその後も多くの孝子伝で取り上げられた日本史上の代表的な人物の一人と言えます。ただ、彼はどのような孝行をしたのか、と調べてみると、元来はまったく別の意図で書かれたものであったことが分かります。この話は鴨長明の手になる鎌倉時代初期の説話集『発心集《ほっしんしゅう》』に掲載されていました。あらすじは次のようなものです。

ある人が円宗寺の近くの家で休憩した。その家を見ると、さほど広くもない庭に、前栽《せんざい》を見事に植えて花が咲き誇り、様々な蝶が数え切れないほど飛び遊んでいる。珍しく思って主《あるじ》に尋ねると、その主は次のように言った。「自分は佐国という博士の子です。父は在世中たいへん花が好きで、折に触れて賞翫《しょうがん》し、詩にも『日本中の花を見たがまだ飽きない。生まれ変わっても、きっと花を愛する人となるだろう』と詠んでいました。それが執着にならないかと心配していましたところ、ある者の夢に、父が蝶になっているのを見たといいます。罪深く思われ、もしかしたらこの辺りにも迷っているかもしれないと考えて、心の及ぶかぎり花を植えているのです。花だけでは不十分なので、蜜などを毎朝注いでいます」とのことであった（巻一の八）。

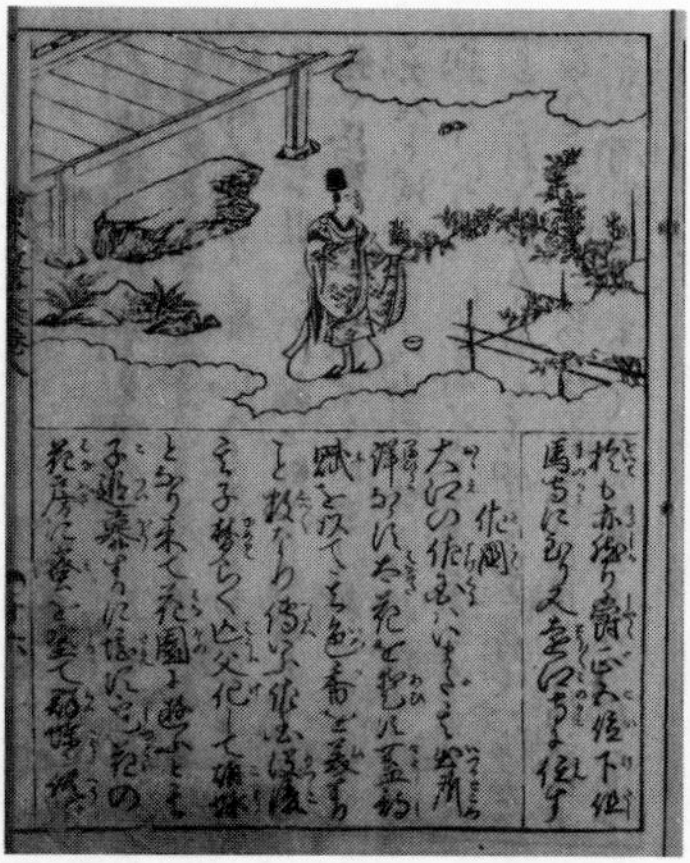
大江佐国の子。花好きだった父が蝶に転生していると考え、花を植えて蝶を愛でた（『絵本故事談』早稲田大学図書館蔵）。

父が蝶に生まれ変わっているかもしれないと、庭に花を植え、蜜を注いでもてなす、幻想的とも言える孝子の姿です。しかしながら、じつはこの逸話は、もとは孝子を描いたものではありませんでした。原典である『発心集』は、次のように結ばれているのです。

加様《カヤウ》ニ人ニ知《シラ》ルルハマレナリ。スベテ念々《ネンネン》ノ妄執《マウシフ》、一々ニ悪身《アクシン》ヲ受《ウク》ル事《コト》、ハタシテ疑《ウタガヒ》ナシ。実ニ恐《ヲソ》レテモヲソルベキ事《コト》ナリ。

評者・長明が注目していたのは、蝶になった父・佐国の方でした。佐国は花に執着するあまりに、虫に生まれ変わってしまった。この例を見れば、人が何にせよ執着の心を持てば、来世で虫などに生まれ変わってしまうのは明らかだ。人々よ、これを恐れて、世の執着を断ち切って発心せよ。こう説くために挙げられたエピソードなのでした。

つまり江戸時代の羅山は、中世の仏教説話に描かれていた脇役に注目することによって、仏教説話を孝子説話へと作り替えたのです。中世の仏教説話は、近世前期の儒者たちからすれば、思想の面で到底承服できるものではありませんでした。しかし、歴史上から孝子を探そうとするにあたって、無視できない情報源であったことも確かです。そこで、このような読み替えが生まれたのでした。近世における孝行者日本代表の選出とは、「孝」という近世以降に主流となった価値観によって、異なる価値観で生きていた中世以前の人物を切り取るという、思想的な荒技でもあったということができるでしょう。

新顔の孝子たち

十七世紀に定番孝子の顔ぶれが定まった、と書きましたが、もちろんこれ以後の人物でも、孝子として定番化した人々がいます。とくに明治から戦前にかけては、新たな定番ともいえる孝子が生まれました。彼らを表舞台に立たせた原動力に、講談と教科書がありました。

講談はもともと軍談を読み聞かせるところから発生した芸能です。そのため、落語と違って実在の人名を積極的に挙げるという特色があります。誤解を恐れずに言えば、講談は「伝記」の芸です。さまざまな人物の生き方を、時に見てきたように、そして事実よりも熱く、聞く者の心にぶつけて響かせることが真骨頂です。そこで語る題材も、御家《おいえ》騒動や怪談や人情話、名人伝など、さまざまに発展しました。孝や貞節のような道徳的なテーマも好まれ、中江藤樹、伊藤仁斎、頼山陽、伊藤博文《いとうひろぶみ》、乃木希典《のぎまれすけ》などのストーリーが人気を博しました。明治・大正期の早川貞水《はやかわていすい》のように、「教育講談」を標榜する講談師も出ました。

修身の教科書は、とくに明治四十三年（一九一〇）からのいわゆる第二期国定教科書以降、一人の人物でいくつもの徳目を教えられる歴史上の人物を取り上げるようになりました。そこで、渡辺登《わたなべのぼる》（崋山《かざん》）、上杉鷹山《うえすぎようざん》、二宮金次郎《にのみやきんじろう》らの孝行逸話が取り上げられました。

またこれは「日本代表」ということではありませんが、近代に入ると、孝を説く書物の中に、西洋の人物も取り上げられるようになりました。たとえば米国の政治家で雄弁で鳴らしたダニエル・ウェブスター（一七八二—一八五二）。国会議員の選挙に落選した彼の父は、修養して自分の恥をそそぐよう、息子に語って聞かせました。子供心にその言葉に感じたダニエルは以来修養し、父の夢であった国会議員になった、という話です（『孝子画断』）。海外の逸話を紹介することは、孝道徳の普遍性を教えることに一役買ったことでしょう。

3　天皇と孝

神武天皇はなぜ孝子になったか

孝子といえば庶民というイメージが強いかと思いますが、天皇の中からも孝子を探して採録しました。『孝経』も天子のなすべき孝を記していましたし、『二十四孝』も、冒頭に皇帝の虞舜《ぐしゅん》と漢文帝《かんのぶんてい》を配していました。それになぞらえる意味でも、日本の天皇の中から孝子を探そうとするのは、必要なことだったでしょう。

孝行で知られた天皇といえば、父の意向に従って弟に天皇の位を譲ろうとした仁徳《にんとく》天皇（第十六代）、兄とともに父の亡骸を探した顕宗《けんぞう》天皇（第二十三代）、有職を曲げて母の望みに従った仁明《にんみょう》天皇（在位八三三―八五〇）などが挙げられます。

江戸時代まではほとんど取り上げられなかったにもかかわらず、明治期以降さかんに取り上げられるようになった天皇もいます。人皇の初代、神武《じんむ》天皇です。明治天皇の勅令により、侍講・元田《もとだ》永孚《ながざね》によって編集された『幼学綱要』（明治十五年〈一八八二〉、宮内省刊）では日本の孝子八人のうちの一人に取り上げられ、『忠孝美談』（伴成高《ばんしげたか》著、明治三十三年〈一九〇〇〉刊）では、「御孝行にも御孝行にも大孝至孝」と、これ以上ないほど持ち上げられました。

神武天皇。平定の後、祖先を祭ったことが明治以降に孝と見なされた（『幼学綱要』）。

しかしながら、江戸時代の間は、ほとんど孝子として扱われた例が見えません。その浮沈は、いかにして生じたのでしょうか

神武天皇の孝行逸話は、次のようなものです。天皇は、橿《かし》原《はら》に都を定め、鳥見山《とみのやま》に霊畤《まつりのにわ》を設けて、「先祖の助けで天下を平定できた。いまここに祀って、孝行としたい」と申し上げました（巻第三神武天皇四年二月）。

『日本書紀』の本文には、「大孝を申《の》ぶべし」という文句がたしかにあります。よって神武天皇を孝子に認定することが不当だとまでは思われません。ただ、ここで孝を申し述べて

いる対象は、皇祖たる天照大神《あまてらすおおみかみ》（あるいは天照以来の祖先）であって、父の鸕鷀草葺不合命《うがやふきあえずのみこと》、母の玉依姫《たまよりびめ》ではありません。たとえば先に見た仁明天皇にくらべれば、親へ直接孝を施していないという点で、孝子の代表というには、やや見劣りする感は否めません。

しかしながら、天皇中心の国家へと改まり、忠孝の徳目が国家統一の論理として強調されるようになったこの時代にあって、人皇の始まりである神武天皇に孝の行いを見ようとすることは、統一論理の強固さを示すために、有効かつ必要なことだったでしょう。

神話の時代へ

実は江戸時代にも、日本史上の孝子をできる限り遡ろう、という動きはありました。藤井懶斎『仮名本朝孝子伝』（貞享四年〈一六八七〉五月刊）は、神話の時代の神々を孝子に認定しました。

第一は天照大神。雄略天皇の夢に天照大神が出てきて、丹波国比治《ひじ》の真奈井《まない》にいます豊宇《とよう》気比売神《けびめのかみ》を呼び寄せるよう教え諭した、という故事によるものです。じつは豊宇気比売神と天照大神は親子ではありませんが、これを「とをつみおや」、すなわち祖先とみなして、孝の枠組みに当てはめました。

第二は事代主神《ことしろぬしのかみ》。逸話は『日本書紀』神代巻に載るものです。子である事代主の神のアドバイスによって、大己貴神《おおあなむちのかみ》は国譲りに同意しました。同意しなかった他の神々は、のちに経津主神《ふつぬしのかみ》と武甕槌神《たけみかづちのかみ》の二柱の神によって誅伐されました。ここから、父の御身を守ったということで、孝子と認定されました。

第三は木花開耶姫《このはなさくやひめ》です。彼女の逸話も『日本書紀』神代巻に載ります。瓊瓊杵尊《ににぎのみこと》の求婚に対し、「父である大山祇神《おおやまつみのかみ》の承諾を得てください」と答えた、という逸話です。

いずれも神武天皇と同様、孝と言うには難しい面がある逸話です。しかしだからこそ一層、日本神話に孝子を見出したい、という当時の強い意志を窺うことができます。

4　女性に求められたもの

貞節と慈愛と

『孝経』には女性の孝についての言及はありません。いっぽう『本朝孝子伝』は、婦女部および今世部で、孝女を十四名集めています。そこに取り上げられた女性たちの行動や付された論評は、男性の孝には見られない、いくつかの問題を提起してくれます。もちろん「する孝行」と「聞く孝行」とを同一視できないことは第四章に述べた通りで、「このようにしろ」

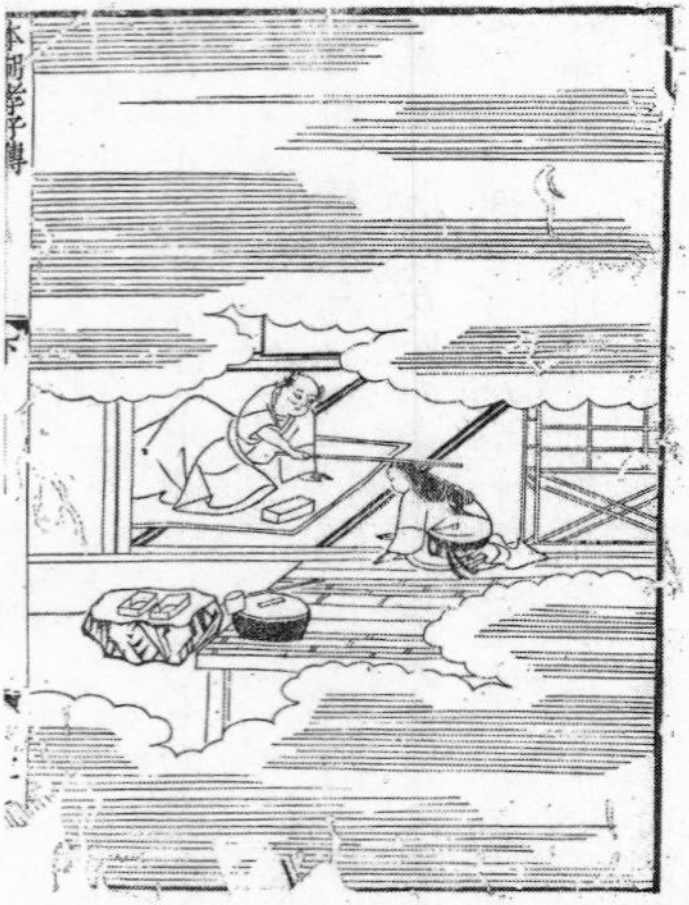

三田村の孝婦。頑なな舅に和らいだ態度で接し、ついに改心させた（『本朝孝子伝』）。

と読者に具体的な行動を強いるものではありません。ただ、そうした違いを踏まえた上でもなお、学べるところ、問題を掬い取るべきところはあるはずです。

女性の場合、実の父母だけでなく、舅、姑に仕えることがまず大きな特徴です。今世部第十八話「三田村の孝婦」は、備中国窪屋郡（現・岡山県倉敷市）の久兵衛という者の妻でした。この妻の舅はきわめて頑なで、少しでも心にかなわない事があると、孝婦を打擲しました。ある日、孝婦が疲れて居眠りしていると、舅が怒って、孝婦が日々用いている臼の中に小便をしてしまいました。孝婦は少しも色に表さず、舅の怒りが解けるのを待って、臼を洗いました。何につけこのように和らぎ従っていたので、ついには孝婦の志に感じて、舅も悔い改めました。ある日、藩を見回る巡検使がこの家の前を通りがかった時、舅が出て行って、孝婦の孝のすばらしさを訴えました。このことが藩主に伝わり、孝婦には禄が下されることになりました。

この逸話は、嫁の孝行話としては典型的なものと言えるでしょう。注目したいのは、舅の心を変えたのが嫁の和らぎであったという点です。江戸時代の女性教訓書を見ると、このような、反発しないという対処の仕方が、しばしば説かれています。嫁が和らぐことが、舅、姑の態度の軟化につながるというのです。

また女性たちが、孝だけでなく、他の徳目も併せて求められていたということも気づかされます。婦女部第四話「難波部安良売《なにわべのやすらめ》」は平安時代初期の筑前国《ちくぜん》（現・福岡県）の孝女です。父母が早く亡くなって、朝夕墓に詣でて慕い悲しみました。十六歳のときに宗像朝臣秋足という人に嫁ぎましたが、秋足もまた、早く没してしまいました。その後、彼女に懸想して言い寄る者は多かったのですが、亡夫に誓いを立てて、死ぬまで再び嫁ぐことはありませんでした。帝がこれを聞いて、位を与え、税を免除したということです。

難波部安良売。孝女であり、成長ののち貞女となった（『本朝孝子伝』）。

『本朝孝子伝』に掲載された逸話でありながら、その多くの部分は、夫への忠誠、

信紗氏の直。孝女であるとともに慈母でもあった（『本朝孝子伝』）。

つまり貞節の逸話であることが分かります。これを読んで、「孝だけでなく貞節まで強いられるのか」とうんざりされる方も多いでしょうが、もう少しお付き合い下さい。「孝は百孝行の本」と言われ、あらゆる徳目の根本だと考えられました。そこで、子供時代に孝子であった者は、その後も、その境遇に応じた徳目の体現者になる、と考えられていました。『本朝孝子伝』は安良売の逸話に続けて、次のような論評を付しています。

君子は親に仕えれば孝である。よってそれは、忠へと移すことができる。これは忠だけではない。あらゆる良い行動へと移すことができる。だから、父母に孝行な女が、夫によく仕えなかった例はない。この女は、孝の誠を貞節に移した。死ぬまで夫に誓いを立てたのももっともなことだ。もし女を娶るのにその性質や行動をもとに選ぼうとするなら、まずその女が孝行かどうかを尋ねてから考えれば、後悔することは少ないだろう。

つまり、孝はあらゆる徳目へ成長してゆくものであって、武士の場合は孝子が忠臣になり、女性の場合は孝子が貞女になる、という道筋で考えられていた、ということです。

求められるのは貞節だけではありませんでした。婦女部第二話「信紗氏直《しなさしのあたい》」は第一章第2節でも触れた四比信紗のことですが、彼女は孝と「慈」、すなわち、母としての子への慈しみとの両立が称賛されている例です。彼女は舅と姑に仕えて孝女としてよく知られていました。夫が没した後は、家をよく治めました。とくに、自分の子と異腹の子とで合わせて八人もいたのを、分け隔てなく、すべて自分が産んだ子のように遇しました。その孝と慈とを、みな褒め称えたということです。

このように孝が他の道徳と併せて描かれていたのはなぜでしょう。もちろんこれは、江戸時代の学者たちが、妻としての貞節、母としての慈悲といった女性の道徳においても、その根本に孝を見ていたからです。その意味では、男性において孝子が長じて忠臣となると考えられていたのと相似形だと言うことができます。人生のステージが変わるにつれ、求められる新たな道徳。その根本が孝なのだ、ということです。

孝女は貞女たりえるのか

しかしながら、孝がすべての善行の根本だというのは、本当なのでしょうか。橘南谿《たちばななんけい》は『東西遊記』（寛政七年〈一七九五〉刊）の「毀誉《きよ》」という章段で、そんなことを考えさせるエピソードを披露しています。

九州に、孝行の誉れ高い少女がいました。その近くに住んでいた儒学者が、感心して、その事実を詳しく文章に記して出版し、世の中に善行を勧めよう、その少女の名前を世に広めようとしました。しかし、この女の子は成長してから身持ちが悪くなり、結婚した後に浮気をして、駆け落ちしてしまいました。儒学者は、はじめに書いた文章を破り捨てて怒ったけれども時すでに遅し。名も無き女子は身を隠しおおせたけれど、儒学者だけが、いつまでも世の笑いものになった、というのです。

このエピソードは著者・南谿にとっては、人物を人生の半ばで毀誉褒貶《ほうへん》することの難しさを示すものでした。『東西遊記』はもともと写本で出回っていたもので、その時には孝行者の伝記を少なからず書き記していました。しかし、いざそれを刊行するという段になった時、南谿は人物伝を含んだ章段を大幅に削除してしまいました。九州の孝女のように、出版されて長く残ってしまうことを恐れたのです。

しかしながら、これまで孝女伝を見てきた我々にとっては、また別の意味合いをもったエピソードとして迫って来ます。貞節、慈愛、忠義など、さまざまな徳目の根幹をなすのが孝だと考えられていたのですが、現実はそうとは限らない、という実例なのです。江戸時代にきわめて強固だった孝行信奉の、ほころびを垣間見るように思います。

5 仏教と孝子伝

儒仏のあらそい

次に、僧が書いた孝子伝について見てみましょう。

出家は不孝だ、という儒者からの非難は厳しく根強いものでした。これに対して僧は反論する必要がありましたが、その典型的な理論は、「無為報恩」でした。これは唐・道世《どうせい》『法《ほう》苑珠林《おんじゅりん》』に見えるものです。人は三界《さんがい》（欲界《よっかい》・色界《しきかい》・無色界）を流転して、恩愛を脱することができない。親の恩を棄てて無為に入ることこそが、真に恩に報いることになる、とします。出家は不孝ではなく、これこそが親孝行なのだ、という訳です。

ただそれは、孝子伝という形では、なかなか理解されづらいものです。人物の伝記で孝を示すのであれば、どうしても直接的な孝行をした人物を描くことになります。もちろん孝子伝は、儒仏間の最大の対立点であった孝を扱うのですから、僧が書いた物は基本的に護法書の色彩を帯びました。ただし目をこらして見ると、その立場にもさまざまな幅がありました。

たとえば、浄土真宗の僧・宗徳によって書かれた『勧孝記』（明暦元年〈一六五五〉刊）は、儒教への弁明、という色合いが強い一冊でした。その文中では、「儒道にも、仏道にも、孝行を宗《むね》とする事を示すべし」（第四章）と、仏教と儒学とが、ともに孝を重んじてきたことを示すために書いた、と謳ってはいます。しかしながら、実際に本文を読んでみると、儒学が主、仏教が従という関係が明らかなのです。

まずその枠組みが儒学に基づいています。『勧孝記』の全体は、次の五部から成ります。

「第一に、父母《ぶも》居するとき、敬《うやまひ》を致す事」の部……例話なし
「第二に、養《やしなふ》ときんば、その楽《たのしみ》を致す事」の部……儒二六話の中に仏二話
「第三に、父母病《やめる》とき、その憂を致《きはむ》べき事」の部……儒六話のあとに仏一話
「第四に、喪《も》には即その哀《かなし》みを致《きはむ》べき事」の部……儒二二話のあとに仏一話
「第五に、祭《まつる》ときんば、その厳《いつくし》みを致《いたす》事」の部……儒一話のあとに仏二話

それぞれの章題は、すべて『孝経』の文言によっています。さらに各章の構成も、まずは

儒書に載る孝子を数多く挙げ、そのあとで仏教に関わる孝子をかろうじて一、二例挙げるのみなのです。この本が想定している読者は、儒教的な孝を当然だと思う人であり、孝は儒教のもの、とする通念に対する弁明の域を超えるものだとは言いがたいでしょう。

僧こそ孝行をすべし

その一方で、仏教者こそ具体的な孝行をすべし、と、庶民にではなく僧に向けて訴え、親孝行をした僧を集めた書物も出版されました。江戸時代前期の僧・元政による『釈氏二十四孝』〈明暦元年〈一六五五〉刊〉です。この作品に治められた二十四人の孝僧は、十七人が中国人僧、七名が日本人僧でした。日本人僧はすべて鎌倉時代末期の仏教史書『元亨釈書《げんこうしゃくしょ》』から採られています。

掲載された孝僧たちは、親へ直接的な孝行をしました。たとえば信誓という僧はこうです。

世に病が流行り、父母も信誓も罹ってしまった。そんな時、信誓の夢に冥界からの使者が現れて、信誓は僧なのであの世へ連れて行けない、と告げた。目が覚めてみると、信誓の病は癒えており、父母は冷たくなっていた。信誓は悲しんで、「三人一諸に死にたい。法力によって父母を生き返らせて欲しい」と訴え、一昼夜経を読んだ。すると、疲れてうとうとした夢の中で、法華経第六巻の巻物が空から降りてきて、その背には「孝子がこの経を読めば父母の命が戻ってくる」と書いてあった。夢から覚めて父母の遺体を見ると、息を吹き返していた。

仏教の威徳にたよって親への孝を為しているところが興味深く感じられます。

ところで、元政は、なぜ僧に向かって孝を説くような孝子伝を書こうとしたのでしょうか。この問題を考える上で、彼自身が孝行者としても著名な存在だったことは指摘しておかねばならないでしょう。たとえば寛永十八年（一六四一）、十九歳の時に彼は、日蓮聖人の像を拝して三願を立てました。その三つとは、出家すること、天台三部経を読むこと、そして、父母に長生きしてもらい、孝を尽くすことでした（『続近世畸人伝』）。万治元年（一六五八）に父が没すると、その翌年には、母の願いを叶えるため、はるばる甲斐の身延山への旅に付き添いました。元政はこの旅を紀行文に認め、後年『身延道の記《みのぶみちのき》』として刊行しました。

彼の孝心は漢詩にも表れています。たとえば寛文七年（一六六七）、四十五歳の夏に詠んだ漢詩「病来《びょうらい》　其三」（『草山集』巻二十四所収）には、次のような句があります。

夢裡鳴鳩　林日閒《しずか》なり　満堂客無くして　昼年の如し

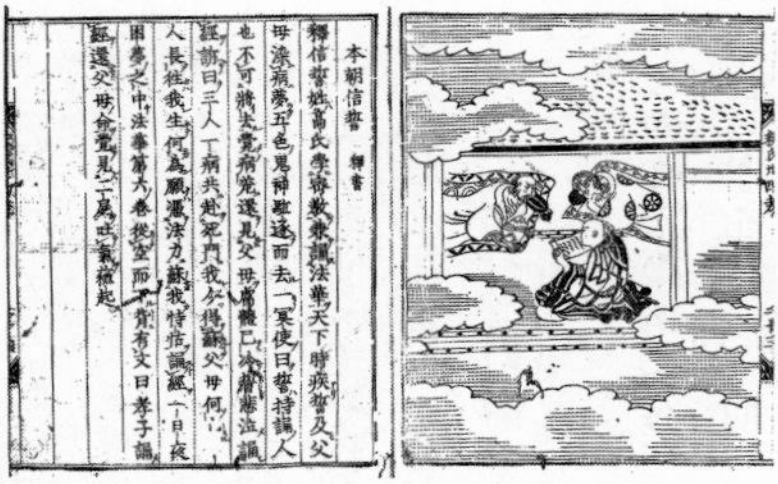

『釈氏二十四孝』。僧が僧へ孝を訴えた。

一生多病　これ何の幸いぞ　白髪の残僧　母に傍《そ》ひて眠る（原漢文）

自分は病気がちだが、この病ゆえに白髪の身になっても母と添い寝できるのだから幸せだ。

こう言ってみせるところには、純粋さを通り越して凄みさえ感じさせます。

元政自身がこのような孝僧であるのですから、同じ僧に向かって「孝行をせよ」と説く資格はありそうです。

ただ、じつは元政の孝心には、それなりの背景もあったようです。彼は江戸時代前期にあって、明の学問を積極的に取り入れた先進的な人物でした。たとえば文学の面では、日本で初めて明・袁宏道《えんこうどう》の詩論「性霊説」を持ち込んだ人物として、日本漢詩史における重要人物です。この明学の中に、僧も積極的に孝行をすべし、という考えがありました。

明末の学僧、袾宏《しゅこう》（一五三五―一六一五）は禅浄一致を説き、明末仏教に大きな影響を与えました。日本を訪れたことはありませんが、『自知録』や『竹窓随筆』などの著書は日本でも広く読まれました。その袾宏の著書のうち、『緇門崇行録《しもんそうぎょうろく》』（万暦十三年（一五八五）自序）は次のように言います。

いま僧が非難されているのは、僧が悪いのである。その罪は三つある。一つは、自分は供物を受けているのに、親の恩を思わない者、二つには、自分は車に乗り、親を奴隷のように使ってそれを牽《ひ》かせる者、第三に、家族の愛を断ち切って家を出たのに、他の男女には礼をもって、父母のように遇する者。世の人々は、こうした不心得な僧だけを見て、すべての僧を非難しないでほしい。

この袾宏の孝に対する姿勢が、元政に影響を与えていることは間違いないでしょう。元政が自ら孝を行い、他の僧にも勧めたのは、中国の最先端の思想を取り入れた、新たなライフスタイルであったとも考えられそうです。

孝子のいる国、日本

以上、日本の代表的な孝子とされてきた人物や、代表的な孝子を集めた書物について眺めてきました。

先に第二章第4節で述べた通り、孝子がいることは、その土地の政治が良いことの証になりました。これを押し広げれば、日本の歴史上に孝子がいることは、国柄が良いことの証になります。また先人も孝を実践したと例示することで、日本人に孝を広めよう、という意図もありました。

ただ、孝子というのは、決してあらかじめ存在するものではありません。もちろん親へ孝行をした人はたくさんいました。しかし、それを認定する人がいて、はじめて孝子としての命を吹き込まれたのです。ましてや日本史上から孝子を見出し、代表的な人物を選ぶ、ということになれば、接し得た情報、思想的な立場など、さまざまな要素が作用することになります。

孝は儒仏優劣論の争点だったので、人選がおのずと論戦の色合いを帯びました。また、第三章で見た通り人気のある徳目だったので、誰かを孝子に認定したい、自分の立場から孝子を選びたい、という欲求が、さまざまな人選を招きました。さらに言えば、誰もが親から生まれて来たのですから、どんな人物であっても、認定しようと思えば孝子に認定できる、という自由さが、人選の幅広さに拍車をかけました。そもそも代表的人物を選ぶという行為には、一筋縄では行かないところがあります。しかしながら、中でも孝の場合は、より問題がややこしくなったと言えるのではないでしょうか。

第六章　鷗外と太宰の視線――近代文学と孝

1　森鷗外『護持院原の敵討』

江戸の孝を描いた近代文学

江戸から明治の世になり近代文学が花開きますが、勿論ここでも孝は重要なテーマの一つでした。しかしながら、その孝に対する態度はさまざまで、肯定的に描いたものもあれば、否定的に描いたものもありました。

肯定的に描いた代表作は、落合直文《なおぶみ》による新体詩「孝女白菊の歌」（明治二十二年〈一八八九〉成）でしょう。西南戦争期の肥後《ひご》（現・熊本県）を舞台に、父をたずねて放浪の旅に出た孝女・白菊のストーリーを七五調の和文で描きました。じつはこの作は井上哲次郎による

『孝女白菊の歌』ドイツ語訳本。

漢詩「孝女白菊詩」の和訳なのですが、直文の和文のほうが大変な評判を得て、明治時代にはドイツ語訳もされました。

一方で、田山花袋《たやまかたい》『生』（明治四十一年〈一九〇八〉刊）は孝を否定的に描きました。これは長男夫婦、出戻ってきた長女、そして主人公夫婦が、病の母親をめぐって摩擦を起こす物語です。彼らの母は癌に冒されていて、病状の進行とともに気難しくなって行きます。ある夜、腹が痛むので人を呼びましたが、みな熟睡していて応じてくれません。ようやくやって来た長男に、母はこんな言葉を吐きました。

女房と寝るばかりが能《のう》じゃあるまい。親がこうして苦しんで居るのを、知らずに寝て居て、それで孔子様に済むか

病の床に伏した母親が孔子の名を挙げて子供たちに孝を迫る。なかなかに毒々しい場面で

す。

右の二作はともに明治の世を舞台に描かれたものです。では、近代文学が江戸の孝を描いた場合、それはどのような作品になったのでしょうか。シンパシーを感じたのか、それとも前代に置いて行くべき遺物と断じたのか。もしかしたら、これまで見てきた江戸についての知識を踏まえて読めば、賛否の二分法を超えた、より深い読みが出来るかもしれません。この章では、森鷗外の二作と、太宰治の一作を取り上げて考えてみたいと思います。

あらすじ

森鷗外は、大正元年（一九一二）から五年にかけて、集中的に歴史小説を執筆しました。『高瀬舟』（大正五年〈一九一六〉一月発表）や『渋江抽斎《しぶえちゅうさい》』（同年同月発表）は中でもよく知られている作品でしょう。そのうち『護持院原《ごじいんがはら》の敵討《かたきうち》』は大正二年と、比較的早い時期に書かれた作品で、タイトル通り、江戸時代の敵討ちを題材としたものです。

まずはそのあらすじを紹介しましょう。

天保四年十二月（一八三四）、播磨《はりま》国酒井雅楽頭《さかいうたのかみ》の江戸上屋敷《かみやしき》で、大金奉行《おおかね》・山本三右衛門《さんえもん》が斬られた。犯人は亀蔵《かめぞう》という酒井家の表小使であった。三右衛門には十九歳の

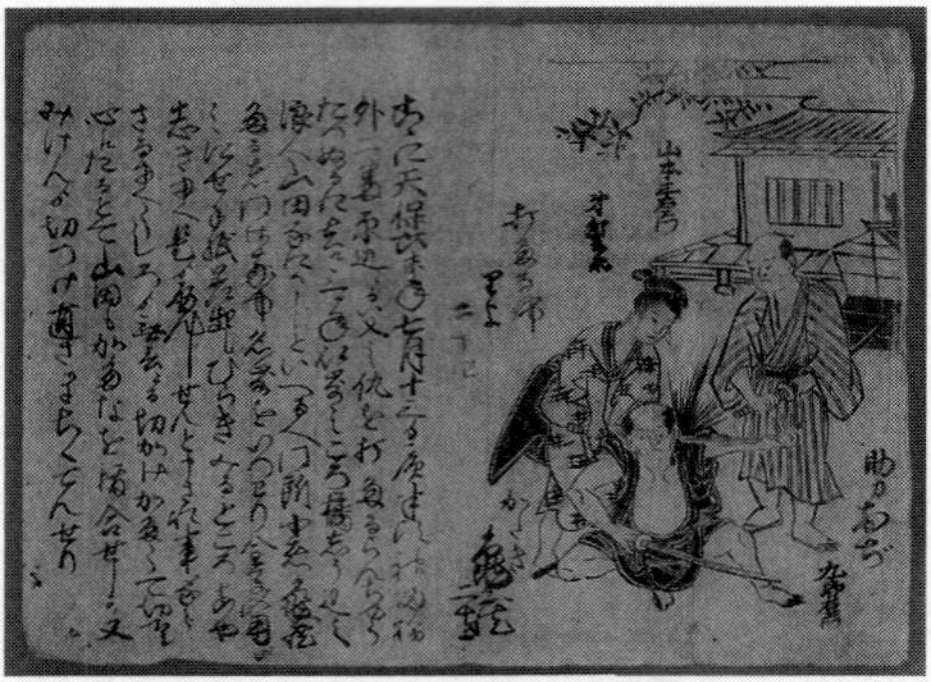

当時出版された瓦版。女性による仇討ちということで注目を浴びた（東京大学大学院情報学環境蔵）。

倅《せがれ》・宇平《うへい》と二十二歳の娘・りよがおり、侍の習いとして願書を出した。みな敵・亀蔵の顔を知らなかったが、亀蔵と同僚だった文吉《ぶんきち》という者が名乗り出てきたため、家来として抱え、宇平、姫路から来た三右衛門の実弟・九郎右衛門《くろうえもん》、そして文吉の三人で敵捜しの旅に出ることとなった。りよは九郎右衛門の判断で家に残らされた。

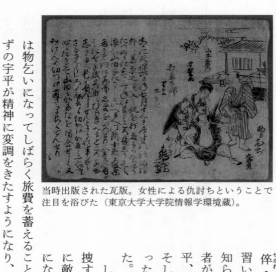

　しかし敵を捜すのは「米倉の中の米粒《こめつぶ》一つを捜すようなもの」で、ほぼ全国を巡ったが一向に敵の居場所は知れない。大坂で路銀《ろぎん》が尽そうになったので、九郎右衛門は按摩《あんま》になり、文吉は物乞いになってしばらく旅費を蓄えることにした。そのうち敵討ちの主人公であるはずの宇平が精神に変調をきたすようになり、本当に敵と出会えるかどうか疑いを持つ言葉を残して、そのままどこかへ消えてしまった。

　そんな時、江戸から手紙が来た。殺された三右衛門の妻の弟・桜井須磨右衛門《さくらいすまえもん》が浅草の観音に参詣して茶屋に腰掛けていると、雨宿りに入ってきた二人連れが、亀蔵が江戸に戻ってきていると噂するのを耳にしたというのである。宇平の行方は相変わらず知れないので、九郎右衛門と文吉で江戸へ戻った。まず浅草の観音へ参り、両国の花火を訪れたところで、とうとう文吉が亀蔵を見つけた。後を追って神田橋外、元護持院《もとごじいん》二番原へ来たところで亀蔵を捕らえた。りよを呼んできて、三人はその場で敵を討った。

辻番所へ届け出ると数日間取り調べを受けた。そののち、りよは褒美のうえ家督の相続を許された。九郎右衛門は褒美のうえ姫路藩士に復職、文吉も姫路藩から山本九郎右衛門家来という資格で登用されることとなった。

鷗外の工夫

この小説は、江戸時代に実際に起こった敵討ち事件をもとにして書かれたものです。この事件に関する資料は数多いのですが、小説を成すにあたって鷗外が下敷きにした具体的な資料はすでに明らかにされています。鷗外が所持していた『山本復讐記《やまもとふくしゅうき》』という写本です。これと鷗外の小説とを比較してみると、鷗外が小説化するにあたって、どのような加工を施したかが明らかになります。

その違いで最も大きいのは、敵討ちというものに対する評価を、鷗外が逆転させていることとでしょう。たとえば、山本三右衛門が殺された後の親族の対応は、原典たる『山本復讐記』では次のように書かれています。

一月も半ばを過ぎたので、兄弟二人は不俱戴天の思いで仇討の願いを話し合った。そして親類が集まって主君に願書を差上げ、お許しの日を待った。

何としても親の敵を討ちたいという親族の強い意志が読み取れます。ここを鷗外は次のように変更しました。

侍が親を殺害せられた場合には、敵討をしなくてはならない。ましてや三右衛門が遺族にとっては、その敵討が故人の遺言《ゆいごん》になっている。そこで親族打ち寄って、度々《たびたび》評議を凝《こ》らした末、翌天保五年甲午《きのえうま》の歳《とし》の正月中旬に、表向《おもてむき》敵討の願をした。

「敵討をしなくてはならない」と、あたかもこれが社会の仕組みであり、遺族の意志は別のところにあるかのような書き方です。このあとも鷗外は、敵討ちをせねばならない羽目に陥った遺族の顚末を、徒労感たっぷりに描いて行きます。

また、この敵討事件の特徴として、本来なら敵を討たねばならないはずの嫡男・宇平が敵捜しの途中でリタイアしてしまい、代わりに長女のりよが敵を討つ、という点があります。このリタイアした宇平の描き方にも、鷗外はひと工夫加えています。『山本復讐記』でも、宇平は敵討ちの旅から離脱するのですが、その時の様子はこうでした。

宇平は叔父にこう言った。「三人一所に居るより、私はひとまず本国だという紀州へ赴きます。高野山は隠れ所と聞くので、この地を尋《たず》ね、坊主になって、かしこに忍ぼうと思います」。

宇平は敵捜しをより効率的にするため、別れ別れでの捜索を提案、実行したのでした。あくまでも、理性的な判断です。

いっぽう鷗外作品では、宇平は「精神の変調を呈《てい》して来」ました。そしてある日、叔父の九郎右衛門に対して、「おじさん。あなたはいつ敵に逢えると思っていますか」「わたしはこうして僥倖《ぎょうこう》を当《あて》にしていつまでも待つのが厭《いや》になりました」「おじさん、あなたは神や仏が本当に助けてくれるものだと思っていますか」「捜すのも待つのも駄目ですから、出合うまではあいつの事なんか考えずにいます」「わたしは近い内にお暇《いとま》をいたすつもりです」などと言って、本当に消えてしまったのです。

ただ神や仏を頼みにして、あてもなく、しかも見つかるまで敵を捜し続けなければならないという敵討ち制度への痛烈な批判を宇平に言わせている訳です。この作品の意図は、敵討ちという制度と、それを賛美する風潮に対して異を唱えるものだったのです。

敵討ちは親孝行でカッコイイ

江戸時代において、敵討ちは親孝行と強く結びついたものでした。本書で何度も登場している藤井懶斎編『本朝孝子伝』（貞享二年〈一六八五〉刊）には、曽我兄弟、日野阿新丸《ひのくまわかまる》といった、敵討ちの達成者が孝子として掲載されています。

また元禄時代には、椋梨一雪《むくなしいっせつ》著『日本武士鑑』（元禄九年〈一六九六〉刊）という書物が刊行されました。これは全五巻ですが、巻一は上代から中世の敵討ち十四話を、巻二、巻三は江戸時代の敵討ち十二話を、巻四、巻五は目次の題名を「孝子鑑」として、孝子伝十二話を掲載しました。敵討ちの話と孝子伝とがセットで掲載された書物なのです。この本の序文は、要約すると次のようなことを言っています。

孝の道ということについて武士と庶民とを分けて考えると、武士の方が一段優れていると言える。武士は日頃はあまりそういう気持ちを表に出さないが、親の仇に対しては不倶戴天の気持ちを持っている。これが武士の良い点である。町人等は、義ということについて疎《おそろ》かなので、たまたま親の仇があるような者も、討とうと思う気持ちが強くない。

要するにここでは、武士は敵討ちをするから町人よりも親孝行だ、と述べているのです。敵討ちが日頃の孝行の延長線上にあり、なおかつ日頃の孝行より上のものであるという、江戸時代の考え方がハッキリと書かれた事例だと思います。

『越後忠孝伝』。題名から孝子伝かと思いきや、中身は敵討ち小説だった。

またこれは私自身の体験ですが、インターネットの古本屋で『○○孝子伝』というようなタイトルの和本を購入し、届いたのを読んでみると中身は孝子伝ではなく敵討ち小説だった、という経験が何度かあります。

そして敵討ちは、道徳的なものであるのみならず、格好良いものでもありました。江戸時代中期の戯作者・山東京伝に『復讐後祭祀《かたきうちあとのまつり》』（天明八年〈一七八八〉刊）という黄表紙があります。遠州浜松の城主何がしの家臣に、瀬間井横蔵《せまいよこぞう》という人がいました。この人は短気で、同じ藩士の広居与太左衛門《ひろいよたざえもん》に遺恨

敵討ち小説を読んで、自分が遂げた敵討ちを物足りなく感じる主人公（『復讐後祭祀』東京都立中央図書館特別文庫室蔵）。

を持ち、殺害してしまいました。しかし横蔵は、人を害した者が逃げおおせた例がないと気づき、与太左衛門の一子・要太郎《ようたろう》のもとへ自ら赴き、潔く敵討ちをされてしまいました。

めでたく敵討ちは成し遂げられ、父の家督も相続できました。しかしここまでの話で、この書物の全頁数の八分の一しか進んでいません。息子の要太郎は次のように考えます。昔からの敵討ちの本を見ると、敵討ちを果たすまでには様々な苦難がある。でも私は何の苦労もなく討ち果たしてしまった。これではどうも親孝行が薄い気がする。先にするにも後にするにも同じことだ、今から苦労をしよう、というのです。こうして要太郎は、わざわざ主君に願い出て浪人し、乳母のところへ駆け込み、一人旅をして、わざと食べ合わせの悪いものを食べて体を壊します。乳母も調子に乗って、体を壊した要太郎に人参を買うために、娘を女衒《ぜげん》に五十両で売ってしまいます。

もちろんこれは、敵討ちを茶化し、デフォルメした戯作です。しかしここからは、敵討ちの苦難がさまざまなドラマを生み、それを人々が喜んでいたということがよく分かります。少なくとも江戸時代には、敵討ちは称賛されるべきものでした。そして、親孝行とも深く関わりのある善行だったのです。

蜀山人ならどうしたか

鷗外に戻りましょう。『護持院原の敵討』のラストは次のようなものです。

この敵討のあった時、屋代《やしろ》太郎弘賢《ひろかた》は七十八歳で、九郎右衛門、りよに賞美の歌を贈った。「又《また》もあらじ魂祭《たままつ》るてふ折に逢ひて父兄《ちちあに》の仇《あだ》討ちしたぐひは。」幸《さいわい》に大田七左衛門が死んでから十二年ほど立っているので、もうパロジイ(ママ)を作って屋代を揶揄《からか》うものもなかった。

この敵討ちを称えて屋代弘賢が和歌を作ったが、もし大田七左衛門が生きていたら、パロディを作ってからかっただろう、というのです。大田七左衛門というのは、第二章第5節でも触れた、狂歌師・蜀山人こと大田南畝のことです。

いっぽう屋代弘賢は江戸時代後期の国学者です。和歌や有職故実《ゆうそくこじつ》の学に優れていました。鷗外がこの小説を書く際に参考にした『山本復讐記』には、事件の顚末を記した後に、「山本氏の復讐を祝して　和歌　詩　狂歌　発句」と題して、何人かの作品が掲載されています。そしてその冒頭にあるのが、この弘賢の和歌なのです。

もし大田南畝が生きていたら屋代弘賢のことをからかっただろう。鷗外がこのように書き加えた理由は明らかでしょう。敵討ちを手放しで賞賛する弘賢は当時の考え方に泥《なず》んでいる。でもパロディの名人で軽妙な批判精神を持つ大田南畝であれば、この敵討ち事件および敵討ちシステムそのもののおかしさを、敏感に察しただろう。そしてこの敵討ちを馬鹿正直に賛美している弘賢の和歌に対するパロディでも作り、やんわりと敵討ち賛美の風潮に異を唱えるくらいのことはしただろう――。このような趣旨と考えて間違いないでしょう。

「たられば」の話に対して目くじらを立てて反論するのも無粋な気がしますが、私には疑問に思う点があります、もし南畝がこの当時に生きていたら、本当に鷗外の言う通り、敵討ちを賛美する屋代弘賢を茶化したでしょうか？　私はそうは思いません。なぜなら南畝も他の江戸人と同じように、敵討ちに興味を持ち、敵討ちを達成した人を称賛していたからです。

明和四年（一七六七）九月十五日、下総国《しもうさのくに》相馬郡早尾村（現・茨城県北相馬《きたそうま》郡利根《とね》町）の組頭・甚内が同村の百姓・庄蔵を斬り殺しました。庄蔵の家族の願いによって、甚内が出家をすれば許すということで話がまとまりました。甚内は言う通り出家しましたが、たった四、五ヵ月で還俗《げんぞく》、つまり普通の生活に戻って、行方をくらましてしまいました。それぱかりか、隣村で庄蔵やその家族の悪口を広めさえしました。この時、殺された庄蔵の息子の富吉《とみきち》は十二歳でしたが、以来敵・甚内を捜し歩きました。十七年経った天明三年（一七八三）に江戸牛込で甚内を見つけ、十月八日、行元寺《ぎょうがんじ》の境内で討ち果たしました。

これを知った南畝は、この事件を詠んだ次の漢詩を残しています（『杏園詩集』巻二）。

十七年前一たび怙《こ》を失ひてより　藐焉《ばくえん》として天地諸孤に泣く
甘心す若《も》し讐敵《しゅうてき》を殲《ほろ》ぼさずんば　結髪何ぞ丈夫に列するに堪へんと
耒耜《らいし》舎《す》て来たって身伏匿《ふくとく》す　宝刀揮《ふる》ふ処《ところ》血糢糊《もこ》たり
北風雨を吹く牛門の市　一日英声大都に振ふ

現代語に訳してみましょう。十七年前に父を失ってから孤独に泣いて来た。もし敵を滅ぼさなければ、元服したとしても、立派な大人になったとは言えないと心に刻んでいた。農業をやめて身を隠した結果、刀を血まみれにして敵討ちを成し遂げることができた。冷たい雨が牛込の街に降るこの日、名声は一日で江戸の街に広まった。

この漢詩には、茶化す雰囲気は全くありません。さらに南畝は、敵討ちが行われた行元寺の住職から石碑を建てたいからと碑文を乞われ、それにも応えています（『一話一言』巻四十一「牛込行元寺復讎の碑」）。

南畝ならば茶化したに違いない、というのは、敵討ちが道徳的かつ格好良いものであった江戸時代の人々に対して、敵討ちがすでに善行ではなくなった近代人が行った、独りよがりな解釈だと思います。そして南畝のことをも、近代の側から贔屓の引き倒しをしていると言わざるを得ません。

敵討ち賛美の終焉

敵討ち賛美の風潮が変化したのは、明治に入ってからです。より具体的に言えば、明治六年（一八七三）二月七日に、維新政府が復讐禁止の令を発布した時点から、と言って良いでしょう。

ただし、敵討ち禁止が法律で定められても、人々の認識がこれで百八十度変わったという訳ではありません。そのことをよく示す事件が、禁止から七年後の明治十三年（一八八〇）十二月十七日に起こりました。東京の旧秋月《あきづき》藩邸で、東京上等裁判所判事であった一瀬直久が刺し殺され、臼井六郎という人物が自首しました。この六郎の父は秋月藩の執政でしたが、藩内の佐幕・攘夷《じょうい》の対立の矢面に立たされ、慶応四年（一八六八）年に攘夷派の一瀬直久に殺害されたのでした。長男の六郎は当時まだ十歳。明治十年（一八七七）、十九歳になると江戸へ転勤となった敵を追って上京し、四年のあいだチャンスを窺ったあげく、ようやく敵討ちを果たしたのでした。ただ勿論、すでに敵討ちは禁止されていましたから、十ヵ月後の明治十四（一八八一）年九月には、六郎に終身刑という重い判決が下されました。

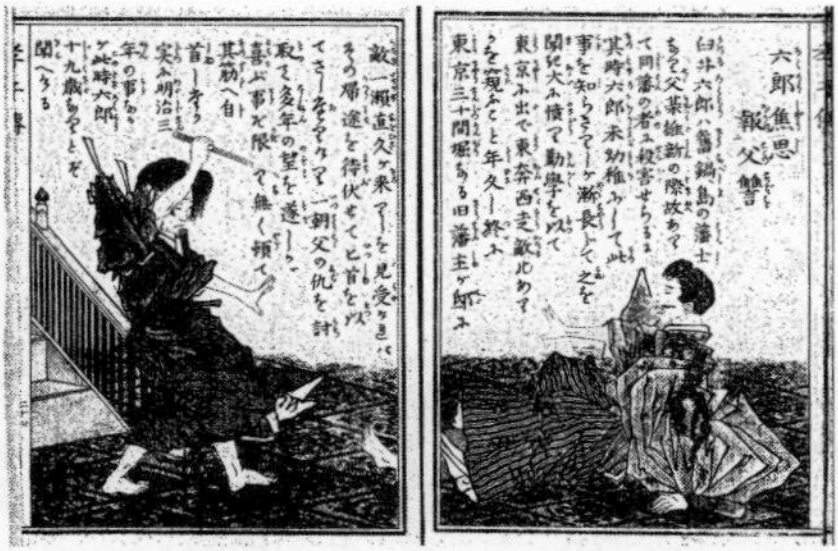

臼井六郎。敵討ちをして孝子として賞賛された（『明治孝子伝』）。

しかし、すでに何年も前に仇討ち禁止令が出ており、さらに有罪になったにも関わらず、この事件への高評価は根強いものがあったと言わざるをえません。事件の有罪判決から二年半後に刊行された小宮山五郎著『明治孝子伝』（明治十七年〈一八八四〉一月刊）という書物がありますが、これはいち早く日本の孝子の一人に臼井六郎を加えています。また六郎は十年間の服役ののち、恩赦で出獄していますが、その時には盛大な祝賀会が開かれたということです。

考えてみれば、敵討ちの人気は、昔ほどではないにしても、今なお根強いと言えるのではないでしょうか。少年マンガ等を読んでいても、広い意味での敵討ちのストーリーは少なくありません。
第五章で、「する孝行」と「聞く孝行」とは分けて考えるべきだ、ということをお話ししました。江戸時代においては、敵討ちは実践すべき「する孝行」でした。しかし明治に入って敵討ちが法律として禁止されると、「する孝行」ではなくなりました。しかし「聞く孝行」としての役割は、今なおその命脈を保っていると言って良いでしょう。

2　森鷗外『最後の一句』

もう一つ森鷗外の歴史小説、『最後の一句』を取り上げてみましょう。大正四年（一九一五）十月、「中央公論」に掲載されました。まずはあらすじを紹介します。

あらすじ

元文三年（一七三八）、大坂で、船乗業の桂屋太郎兵衛《かつらやたろべえ》を斬罪に処するという高札《こうさつ》が立てられた。太郎兵衛は二年前、難破した船の積み荷を着服したかどで捕らえられており、今になって処分が下されたのである。

桂屋には五人の子供がいた。長女いち十六歳、次女まつ十四歳、養子の長太郎十二歳、とく八歳、初五郎六歳、の五人である。長女のいちは手習いの半紙に、父の命を助け、その代わりに自分と妹のまつ、とく、弟の初五郎をお仕置きにしていただきたいという願書を認《したた》め、西奉行所へ差し出した。

大人が書かせたのではないかとの疑いがあったため、母親と五人の子供を呼んで白州《しらす》で取り調べが行われた。西町奉行の佐佐《さっさ》は責め道具を見せたりして姉弟の覚悟を試そうとした。これに対していちは冷ややかで揺るがない応答をするだけだったが、最後に「お上《かみ》の事には間違《まちがい》はございますまいから」と言い足した。この「献身の中に潜《ひそ》む反抗《はんこう》の鋒《ほこさき》」は一同の胸を刺した。

結局、この訴えによって父・太郎兵衛の刑の執行は延期となった。そのうちに京都で大嘗会《だいじょうえ》が行われたのを機に恩赦が行われ、太郎兵衛は追放刑へと減刑になった。

死刑が決まった父親の身代わりになろうと、五人姉弟が奉行所に願い出たという鷗外のこの小説は、江戸時代中期の大坂で実際に起こった事件をもとにしています。鷗外が参考にした資料についても研究が進んでおり、大田南畝が書いた随筆『一話一言』に掲載された記事がもとになっているとされています。

この『一話一言』に掲載された記事と鷗外の小説とを比べてみると、事実関係に関しては、大きな変更を加えてはいないことが分かります。たとえば処刑が迫った日の夜、眠れない姉のいちと妹のまつとが、寝床で奉行所への訴えの相談をする場面は、原典にあるものです。また、西町奉行所で取り調べをすることになった場面で、子供の真意を探ろうと、白州に様々な責め道具をならべて威嚇した、というくだりも原典に見えるものです。

しかしながら鷗外は、事実関係を狂わせない範囲で様々な工夫をこらし、結果的にまったく異なる小説に仕上げました。鷗外が施した工夫をエイヤッと一言で言ってしまえば、「孝行の物語から、反体制の物語へ」ということになろうかと思います。

もとの資料では、親を思う気持ちに一途で、死をも恐れない姉弟の孝心と、死罪を免れさせた為政者の慈悲深さとの双方に対して、称賛する気持ちを示しています。これに対して鷗外は、少女をむしろ計画的な人物として描きました。献身という形をとって、役人ひいては封建体制に対する反抗を企てる空恐ろしい少女、という姿に描いています。たとえば姉妹が相談をする場面は、もとになった『一話一言』では次の通りです。

父の罪を犯し給《たま》ふも、我々を養《やしな》はんため也。然らば、今度父の命に代《かは》らん事を、奉行所へ願ひ奉《たてまつ》らん。

父の罪を自分たちのものと感じ、父の命に代わりたいと願う健気な決意が描かれています。この箇所が『最後の一句』では次のように書き換えられているのです。

しばらくたって、いちが何やら布団《ふとん》の中で独言《ひとりごと》を言った。「ああ、そうしよう。きっと出来るわ」と、云ったようである。

まつがそれを聞き附けた。そして、「姉《ね》えさん、まだ寝ないの」と云った。

「大きい声をおしでない。わたし好い事を考えたから。」いちはまずこう云って妹を制しておいて、それから小声でこういう事をささやいた。お父《と》っさんはあさって殺されるのである。自分はそれを殺させぬようにすることが出来ると思う。どうするかというと、願書《ねがいしょ》というものを書いてお奉行《ぶぎょう》様に出すのである。しかしただ殺さないでおいて下さいと云ったって、それでは聴《き》かれない。お父っさんを助けて、その代りにわたくし共子供を殺して下さいと云って頼《たの》むのである。

ここには嘆願、という気持ちは希薄です。代わりに、幕府のシステムを逆手にとって父を助けようという、よく言えば理知的、悪く言えばずる賢い判断をしているように描かれています。

もう一つ、『最後の一句』というタイトルの由来にもなっている、取り調べの場面を見てみましょう。

「そんなら今一つお前に聞くが、身代わりをお聞き届けになると、お前達はすぐに殺されるぞよ。父の顔を見ることは出来ぬが、それでも好いか。」

「よろしゅうございます」と、同じような、冷《ひや》かな調子で答えたが、少し間《ま》を置いて、何か心に浮《うか》んだらしく、「お上《かみ》の事には間違《まちがい》はございますまいから」と言い足した。

佐佐の顔には、不意打に逢ったような、驚愕《きょうがく》の色が見えたが、それはすぐに消えて、険《けわ》しくなった目が、いちの面《おもて》に注がれた。憎悪《ぞうお》を帯びた驚異の目とでも云おうか。しかし佐佐は何も言わなかった。

この「お上《かみ》の事には間違《まちがい》はございますまいから」という有名な台詞《せりふ》は、江戸時代の資料には記されておらず、鷗外の創作です。

見方によって異なる評価

鷗外がこのように、事件に興味を持ち、通説とは正反対の読み替えを行おうとしたのは、一理あります。というのは、じつはこの事件の五人姉弟は、事件発生当時でさえ、決して手放しで賞賛された訳ではなかったからです。さらに言えば、子供たちの処遇も当時としては異例なものでした。第四章第4節では、江戸時代の孝行者が、表彰されてようやく孝行者と認められる、という風潮があったと述べました。しかしこの子供たちは、表彰を受けた訳ではありませんでした。

もっと言えば、姉弟の訴えが受け入れられることさえありませんでした。『一話一言』には、「汝等《なんじら》が願ひにて召赦《めしゆる》さるるにはなけれども、願ひの志《こころざし》不便《ふびん》に思召《おぼしめし》あげられ」つまり、子供達の訴えによって法を曲げた訳ではない、と書かれています。そして最終的な処分も、あくまでも次の年の大嘗会にちなむ恩赦という外的な要因によって助かっただけのこと。そしてそれも無罪となった訳ではなく、追放刑に減刑されたに過ぎないのです。

そう考えて見ると、『一話一言』が、子供たちの孝心を賞賛する一方で、「道ある御代の御恵み、申すも中々おろかなり」と、法を曲げない範囲で寛大な処置を施した、為政者の方をも賛美していることが注目されます。なるほど、この事件は政道の機転がなければ丸く収まらなかったでしょう。当然ながら、子供の願いの通りに、親を許して代わりに子供達を処刑する訳にはゆかない。かといって、命がけの子供の願いを無下に却下する訳にもゆかない。

中井甃庵『五孝子伝』。表彰されていない孝子の伝記が書かれることは珍しかった（大阪府立中之島図書館蔵）。

そこで処刑の時期を延ばし延ばしにして、大嘗会が行われるのを機に恩赦として死刑から追放へと減刑して命を助けてやったのです。法を曲げずに孝心にも応えてやる、これは名裁きと言っても良いのではないでしょうか。

　そうした中、この姉弟の行為を「これぞ孝行者だ！」と積極的に賞賛したグループがいました。第二章第4節で紹介した大坂の懐徳堂の人達です。元文三年（一七三八）に大坂でこの五孝子による訴えが起こると、設立者の一人、中井甃庵が『五孝子伝』という絵入りの写本を執筆しました。じつはこの書物は、江戸時代全体を通して書かれた孝子伝の中でも珍しい部類に属します。文中で孝子として称えられている孝子が、幕府や藩から表彰されていないからです。この作品は孝子伝というよりも、むしろ「この人をもっと顕彰すべきだ」という意見文に近いものと考えることも可能です。そもそも懐徳堂の学問には孝を重んじるところがありました。地元の大坂で起きた親子をめぐる扱いの難しい事件に対し、「これぞ孝行者だ！」と喜び勇んで筆を執ったことだろうと思います。

このように、この事件は当時においても評価の分かれるものでした。明治期に入って、鷗外がこの事件に着目したところは、流石だと思います。

社会の常識を越える孝行

常識の枠組みを飛び越えるような想定外の事件が起こった時、人はそれが善行なのか悪行なのか、判断しかねることがあります。こうした例は、江戸時代にも何度かありました。

現在ほとんど知られていませんが、江戸時代前期には、「偽《にせ》キリシタン兄弟事件」とでも名付けるべき事件が起きました。寛永十四年（一六三七）から翌年二月末にかけて、長崎で島原の乱がおこりました。これをきっかけに、幕府のキリシタン禁制は一層きびしくなり、翌年九月には、全国に訴人《そにん》褒賞制度が施行されました。これは、キリシタンがいることを幕府に告発すれば、告発した人に褒美として銀子二百枚が与えられる、という制度です。

そのころ、甲斐国に梶原景信・景久という兄弟が、貧しさゆえに親を養い兼ねていました。そこで、一方が偽のキリシタンとなり、もう一方がそれを訴えて賞金を得て、その金で親を養おうと決めました。キリシタン役の方は当然死罪にされますから、命がけの孝行です。兄弟で話し合った結果、兄が偽のキリシタンとなり、弟が訴えることにしました。

計画通り弟が江戸へ出て訴え、兄は召し捕られました。しかし尋問をしても、この兄はキリスト教のことを何も知りません。そこで役人も、これは賞金目当ての偽りかと疑い、訴えた弟を捕らえようとしました。すると、兄が弟の身を案じて泣く泣く企てを明かしました。役人たちは、甲州へ人を遣わして事実を確かめた上で、罰することはせずに許し、そればかり金二十両を与えて故郷へ帰しました。

この事件は当初、賛否両論の議論を生みました。当時の江戸の儒学界では、林羅山が大きな力を有していました。その息子の林鵞峰《がほう》・読耕斎《どっこうさい》の兄弟は、それぞれに偽キリシタン兄弟についての文章を認めましたが、その結論は正反対でした。

弟の読耕斎は、「私はこの話を聞いた時、はじめは驚き、それから信じ、ついには感動した」として、「私がもし日本の孝行者の伝記を書くならば、この二人は絶対に選ぶ」と言っています。手放しの賛美と言って良いでしょう。

いっぽう兄の鵞峰は、この偽キリシタン兄弟を憫れむべきだとはするものの、続けて次のように言います。

しかし、法は犯すべきではなく、役人を欺くべきではない。法を犯し、役人を欺くのは罪である。罪を行い、賜物《たまもの》をもらおうとするのは貪欲と言わざるを得ない。これを盗賊と言ったら良いか、それとも気持ちを察して孝行と言うべきだろうか。その志は良いが、行いは良くない。

孝行に感心する弟・読耕斎と、心は認めて行いは認めない兄・鵞峰。みなさんはどちらの意見に賛同しますか？

結果を記すと、この偽キリシタン兄弟は、最終的には孝行者として後世まで称えられることになりました。この兄弟を孝行者と決定づけたのは、第二章第2節で触れた保科正之でした。彼はのちに会津藩主となり、幕府を支えて行くことになりますが、当時はまだ山形藩主でした。この正之が兄弟の行動に感心して、山形藩士として、つまり武士として取り立てたのです。これによって、彼らが孝行者だという評価は決定的なものとなりました。

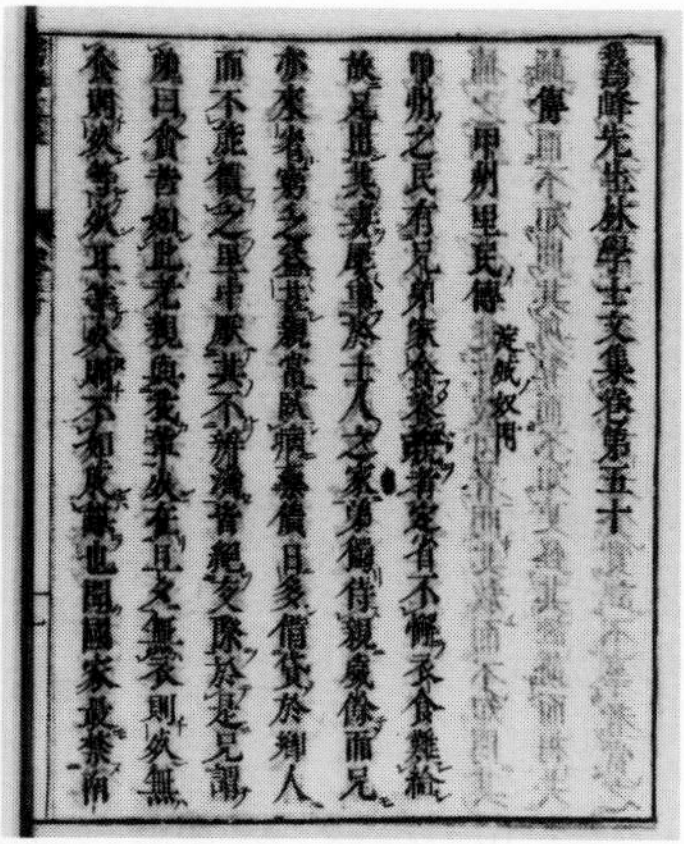
鵞峰先生林學士文集巻第五十
傳　甲州里民傳

林鵞峰「甲州里民伝」。甲斐国の偽キリシタン兄弟事件について、弟とは正反対の評価を下した（『鵞峰先生林学士文集』筑波大学附属図書館蔵）。

孝をめぐる常識の範囲を超えた事件、という意味で、元文の五孝子事件と偽キリシタン事件は、共通点を持っていたとみなすことができます。

鷗外から見た江戸

こうした歪みを元文五孝子事件の中に見出し、見事に作品の中で示して見せた森鷗外の着眼と手腕には、感心させられます。ただ、鷗外の視点はあくまでも「明治から見た江戸」でした。近世文学・近世文化を研究する身からすると、これによって近世の孝とその表彰に対して悪しきイメージが定着してしまったのは、寂しい気持ちがします。

江戸時代における「孝」は、近代の知識人からもっとも古くさい因習として非難された価値観の一つです。しかし江戸について学ぶときには、孝が江戸文化の中で有していた重要性を、無視する訳にはいきません。元文の五孝子のような、無理を押し通す孝でも、けっきょく通ってしまったのが江戸時代なのです。そこから、親孝行がこんなにも絶対的な信頼を得ていた道徳的な時代だったと認識を改める。このように、あくまでも時代背景に即して考えて行くのも、文化研究の一つの方法だと思います。

3　太宰治『新釈諸国噺』

太宰と西鶴

続いて、太宰治の短編集『新釈諸国噺《しんしゃくしょこくばなし》』を取り上げます。この作品は、元禄時代の作家・井原西鶴《いはらさいかく》の小説作品の中から十二話を選び、太宰流にアレンジを施した作品です。太宰治はあまりにも有名な存在ですが、彼に『新釈諸国噺』という作品があったことは、ご存じない方もいらっしゃると思います。太宰は、第二次大戦中、多くの作家が思うような執筆活動ができなかった時期に、もっとも精力的に作品を著した作家の一人です。教科書などで有名な『走れメロス』や、『お伽草紙《とぎぞうし》』『パンドラの匣《はこ》』などがこの時期に書かれていきます。そうした中、この『新釈諸国噺』も太平洋戦争末期の昭和二十年（一九四五）一月に刊行されました。

この作品で西鶴作品を利用するにあたり、太宰はその抱負を凡例で次のように述べています。

これは西鶴《さいかく》の現代訳というようなものでは決してない。古典の現代訳なんて、およそ、意味の無いものである。作家の為《な》すべき業《わざ》ではない。三年ほど前に、私は聊斎志異《りょうさいしい》の中の一つの物語を骨子《こっし》として、大いに私の勝手な空想を按配《あんばい》し、「清貧譚《せいひんたん》」という短篇《たんぺん》小説に仕上げて、この「新潮」の新年号に載せさせてもらった事があるけれども、だいたいあのような流儀で、いささか読者に珍味異香を進上しようと努めてみるつもりなのである。

『聊斎志異』は中国清代の伝奇小説です。つまり太宰は、単なる西鶴の現代語訳ではなく、空想を自由に交えた作品にするのだ、と宣言している訳です。

「大力」あらすじ

さてここでは、『新釈諸国噺』の中から、第二話「大力《おおぢから》」という作品を取り上げます。この章を取り上げるのは、井原西鶴の浮世草子のうちで、孝（不孝）を取り上げた『本朝二十不孝』（貞享三年〈一六八六〉刊）という作品を素材としているからです。あらすじは次のようなものです。

讃岐の国、高松の大きな両替屋・丸亀屋の一人息子に才兵衛《さいべえ》という力持ちがいた。讃岐に相撲が流行って才兵衛も始めたが、鰐口《わにぐち》という力士に弟子入りしてメキメキと力をつけ、荒磯という名をもらった。

それから無類の強さを発揮して相撲熱は高まる一方。両親の言うことも聞かず、娶っ

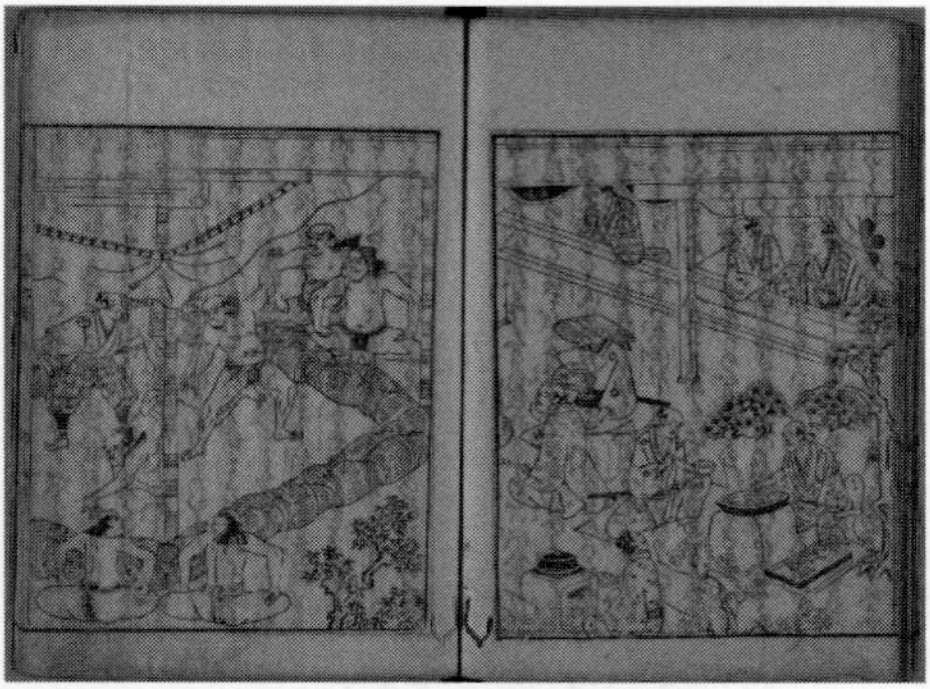

力自慢が集まる相撲風景（『本朝二十不孝』）。

た妻をもまったく相手にしない。また相手を土俵の砂に埋めて半死半生にしても「勝ちゃいいんだ」とうそぶく乱暴さで、皆から憎まれるようになった。

その荒磯が「恩師鰐口様のおかげ」と吹聴するので、師匠の鰐口は出家せねばならなくなった。しかしあまりの悪評に放ってもおかれなくなった。夜宮《よみや》相撲で荒磯の前に立ち、正体を明かして荒磯を油断させた隙《すき》に、上手投げで倒してしまった。荒磯はその怪我がもとで親に大小便を取らせたあげく、息を引き取った。

この話は、西鶴『本朝二十不孝』の巻五の三「無用の力自慢」という一話を利用したものです。ただ、あらすじだけを追ってみても、西鶴の良さも太宰の良さも、ほとんど伝わって来ませんね。もう少し分析を深めてみましょう。

軽妙な語り口

太宰『新釈諸国噺』が原話から変えた箇所は数多く

あります。まず目につくのが、太宰の軽妙で滑稽味のある文章です。たとえば、父親が意見する場面は、西鶴『本朝二十不孝』では次の通りです。

「それ、人のもてあそびには、琴棋書画《きんぎしよぐわ》の外に、茶《ちや》の湯《ゆ》、鞠《まり》、楊弓《やうきゆう》、謡《うたひ》など、聞《きき》よし。なんぞや、裸身《はだかみ》となりて、五体《ごたい》あぶなき勝負。さりとは宜《よろ》しからず。自今《じこん》、是を止《や》めて、よき友にまじはり、四書《ししよ》の素読《そどく》ならへ」と、親仁《おやじ》、分別らしき異見《いけん》。

趣味を持つならもっと外聞の良いものにしろ。そして四書、つまり論語・孟子・大学・中庸といった漢籍を読め、と、まさに四角四面のお説教をしています。これを太宰は次のようにふくらませました。

或る日、おっかなびっくり、

「才兵衛さんや、」とわが子にさんを附けて猫撫声《ねこなでごえ》で呼び、「人は神代《かみよ》から着物を着ていたのですよ。」遠慮しすぎて自分でも何だかわからないような事を言ってしまった。「そうですか。」荒磯は、へんな顔をして親爺を見ている。親爺は、いよいよ困って、「はだかになって五体あぶない勝負も、夏は涼しい事でしょうが、冬は寒くていけませ

んでしょうねえ。」と伏目になって膝《ひざ》をこすりながら言った。さすがの荒磯も噴き出して、

「角力《すもう》をやめろと言うのでしょう？」と軽く問い返した。親爺はぎょっとして汗を拭《ふ》き、

「いやいや、決してやめろとは言いませんが、同じ遊びでも、楊弓など、どうでしょうねえ。」

「あれは女子供の遊びです。大の男が、あんな小さい弓を、ふしくれ立った手でひねくりまわし、百発百中の腕前になってみたところで、どろぼうに襲われて射ようとしても、どろぼうが笑い出しますし、さかなを引く猫にあてても猫はかゆいとも思やしません。」

（中略）

「それもそうだねえ。では、あの活花《いけばな》は？」

「ああ、もうよして下さい。あなたは耄碌《もうろく》しているんじゃないですか。あれは雲の上の奥深きお方々が、野辺に咲く四季の花をごらんになる事が少いので、深山《みやま》の松かしわを、取り寄せて、生きてあるままの姿を御眼の前に眺めてお楽しみなさるためにはじめた事で、わしたち下々の者が庭の椿の枝をもぎ取り、鉢植えの梅をのこぎりで切って、床の間に飾ったって何の意味もないじゃないですか。花はそのままに眺めて楽しんでいるほうがいいのだ。」言う事がいちいち筋道がちゃんと通っているので親爺は閉口して、

「やっぱり角力が一ばんいいかねえ。大いにおやり、お父さんも角力がきらいじゃないよ。若い時には、やったものです。」などと、どうにも馬鹿らしい結果になってしまった。

堅苦しい親爺から息子に強く言えない親爺へと変更したのもさることながら、軽妙な会話のやりとりに、思わず笑いがこみ上げてきます。

相撲好きから悪人へ

主人公・荒磯のキャラクターも大きな変更点の一つです。西鶴『本朝二十不孝』では、荒磯が相手を傷つけたりしたということは全く書かれていません。学問をせよとの父の教えも聞かず、島原や大坂で色っぽい遊びをして来いとの母の勧めも「ただ世の中に、相撲取るより外に、何が遊興なし」と取り合いません。あてがわれた妻とも「男ざかりに力落としては、口惜《くちお》し」と、寝室を共にしません。せっかくの妻を寂しがらせた、という罪はありますが、せいぜいその程度でした。とにかく徹底的に相撲にのめり込む人物として描かれています。

これに対して太宰『新釈諸国噺』では、荒磯の性格に次のごとく手が加えられています。

それからは、どこの土俵に於《お》いても無敵の強さを発揮し、十九の時に讃岐の大関天竺仁太夫を、土俵の砂に埋めて半死半生にし、それほどまで手ひどく投げつけなくてもいいじゃないかと角力仲間の評判を悪くしたが、なあに、角力は勝ちゃいいんだ、と傲然《ごうぜん》とうそぶき、いよいよ皆に憎まれた。

荒磯は強いだけでなく、相手に対して思いやりのない人物として描かれています。相撲となると全く手加減がありませんでした。相手を半死半生にするばかりか、それに対して反省もしない性格。太宰は分かりやすい悪人に作り替えたのです。

芸事という不孝

西鶴『本朝二十不孝』でも、太宰『新釈諸国噺』でも、最終的に荒磯は土俵で怪我をしてしまいます。太宰『新釈諸国噺』の方の荒磯は悪い性格で、他人に怪我をさせたりといった迷惑をかけているので、因果応報でしかたない結末だとも言えます。

いっぽう西鶴『本朝二十不孝』の方はどうでしょう。こちらの荒磯は、相撲にのめり込んでいるだけでした。妻を寂しがらせる、というようなことはありましたが、赤の他人を苦しめた訳ではないのです。現代なら、相撲道ひと筋、と褒められこそすれ、非難されるようなことでは無いように思われます。それなのに、彼は最終的に土俵で怪我をしてしまうのですから、少々可愛そうな結末に思えます。西鶴『本朝二十不孝』は、そのタイトルの通り、二十話のそれぞれに不孝者が登場し、その全てが最終的には酷い目に遭う、という枠組みを持っています。では、荒磯が相撲にのめり込みすぎたのも、悪いことだったのでしょうか。

じつは江戸時代では、芸事にふけるというのは親不孝なことでした。励むべきはあくまでも家業であり、芸事習い事は余技に過ぎない。これにのめり込むのは良くないことである。こうした認識は江戸時代では広く行き渡った考えでした。たとえば元禄時代の儒学者・貝原《かいばら》益軒《えきけん》は次のように言っています。

用のない芸事は習わせてはいけない。たとえ用のある芸能であっても、あまりに好み過ぎて、その事ばかりに心を用いると、その一事に傾いてしまって、万事に通じることができない。その好む所によって、害が多いのだ（『和俗童子訓』巻之一）。

山東京伝はこの辺りの感覚を上手く黄表紙で表現しています。『人間一代 悟衢迷所《ごどうめいしょ》独案《ひとりあん》内《ない》』（享和三年〈一八〇三〉刊）という作品があります。京伝は文も絵も一人で書くのですが、この作品では、人間の生き方におけるさまざまな選択や困難、成功への道筋を、名所図風に仕立てました。この中に「末代山美名寺《まつだいさんびめいじ》へみちびく図」という図があります。これは人間の一生における学問・芸事と人生との関わりを描いたものです。

ここには「学問通《どおり》」「風雅の道」「諸芸道《どう》」という三つの道があります。「学問通」は五常（仁・義・礼・智・信）や親孝行や忠義を学ぶ道です。儒学を学ぶ道と言って良いでしょう。「風雅の道」は俳諧、連歌、和歌などをたしなむ道です。「諸芸道」は楊弓、生け花、碁将棋、双六、蹴鞠、茶の湯、書画などをたしなむ道です。ちなみに生け花は江戸時代には主に男性の芸でした。

「風雅の道」と「諸芸道」の先は、「名聞道《みょうもんみち》」という道につながっています。「学問通」も、まっすぐ行けば問題なく末代山美名寺にたどりつける、すなわち末代まで美名が残ることになるのですが、ここにも「名聞道」という脇道が出ています。

名聞とは、名誉や良い評判のことです。つまり、和歌・俳諧といった文学や、生け花や碁将棋といった芸事を嗜む程度なら良いが、深入りして凝ってしまうと、いずれは名誉欲が湧いて出てきてしまう、というのです。学問も名誉欲を持ってしまっては道を違《たが》えてしまうと警告しているのです。

その「名聞道」の先には分かれ道があります。一方の道は「名人の社道《やしろみち》」、つまり名人へ

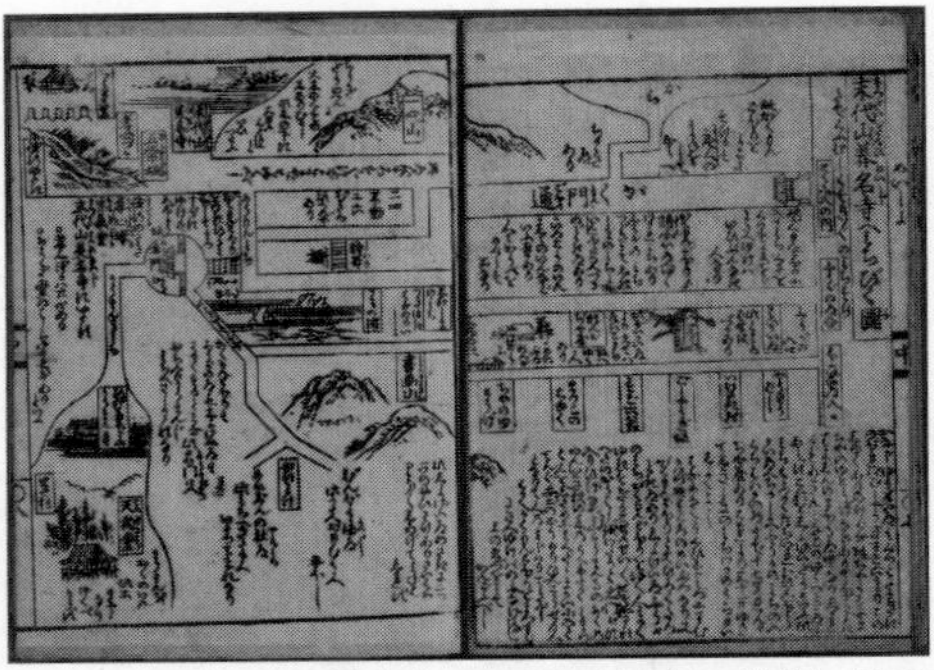

山東京伝「末代山美名寺へみちびく図」。学問、風雅、諸芸の道を極めた先を描く（『人間一代　悟衛迷所独案内』早稲田大学図書館蔵）。

の道です。ただし京伝は、「此みちへきたる人、いたつてまれなり」、つまりほとんどの人は名人への道を進むことはできないと言っています。もう一方の道は「びんぼう海道《かいどう》」へ続いています。「此《この》かたへおもむく人おほし」、すなわち、学問・文学・芸事に深入りすると名誉欲を持つようになり、しまいには貧乏に陥ってしまう、というのです。

　このように、江戸時代には芸道にふけること自体を不善と見なす傾向がありました。よって西鶴『本朝二十不孝』の荒磯は、相撲で相手を殺したりせずとも、相撲に熱中しすぎて親の言うことを聞かないというだけで、十分に不孝者だったのです。

　おそらく太宰は、『本朝二十不孝』に記された不孝では、不孝の度合いが足りない、と思ったのではないでしょうか。ここには、江戸時代と近代との、孝・不孝に対する考え方の大きな違いが表れているように思います。

「上には上がいる」という教訓

この物語のラストも、西鶴から太宰にいたって、大きく書き換えられています。西鶴『本朝二十不孝』で荒磯は、相撲修行の結果、「四国一番の取手《とりて》」にまでなります。しかしある時、山里の夜宮相撲で、ある相撲取りに負けてしまいます。ここでの西鶴の書き方は、次のように極めてあっさりしています。

山里に、夜宮《よみや》相撲ありて、才兵衛、罷《まか》り出《いで》しに、在所より強力《ごうりき》すすみ出《いで》て、才兵衛と引《ひ》つ組《く》んで、何の手もなく、中《ちゅう》にさしあげ、落としける程に、

地元の強い人が出てきて、軽々と持ち上げられ、落とされてしまいました。この怪我が尾を引いて、親に迷惑をかけることになるのです。ちょっと理不尽な結末だと思いませんか。じつはこの、ちょっと説明不足で、自分であれこれ考えて見たくなる、というのは、西鶴作品を読む上での一つの醍醐味でもあります。先ほど太宰の軽妙な文章の良さについて触れましたが、西鶴のこの想像の余地を残す文章も、読む側としては応えられません。

ここには芸事を極めることの難しさ、虚しさが描かれている、と私は考えます。「四国一」だと思っても、山里の神社の相撲なんかに、まだ強い相撲取りが隠れている。芸の世界では、

極めたつもりでも、まだ上には上がいる。それに気づくとまたのめり込む。そして家業の障りになる、という訳です。この一章は、全体が芸事に対する教訓を暗に示したものだと考えています。

これに対して太宰は、鰐口という、西鶴『本朝二十不孝』にはいなかったキャラクターを登場させました。彼は荒磯の相撲の師匠です。荒磯に相撲を教えはしたものの、どんどん強くなる荒磯を次第に持てあまして来て、弟子に投げられるのも格好悪いと思い、「お前は一人前だからもう来るな」と突き放して出家したのでした。しかし荒磯の悪評がどんどんと悪くなるにつけ、師匠として辛く思うようになってきました。

或る夜、決意して身を百姓姿にかえて山を下り、里の夜宮に行って相変らずさかんな夜宮角力を、頰被《ほおかぶ》りして眺めて、そのうちにれいの荒磯が、のっしのっしと土俵にあがり、今夜もわしの相手は無しか、尻《しり》ごみしないでかかって来い、と嗄《しゃが》れた声で言ってぎょろりとあたりを見廻せば、お宮の松籟《しょうらい》も、しんと静まり、人々は無言で帰り支度をはじめ、その時、鰐口和尚《おしょう》は着物を脱ぎ、頰被りをしたままで、おう、と叫んで土俵に上った。荒磯は片手で和尚の肩を鷲《わし》づかみにして、この命知らずめが、とせせら笑い、和尚は肩の骨がいまにも砕けはせぬかと気が気でなく、

「よせ、よせ。」と言っても、荒磯は、いよいよ笑って和尚の肩をゆすぶるので、どうにも痛くてたまらなくなり、

「おい、おい。おれだ、おれだよ。」と囁《ささや》いて頰被りを取ったら、

「あ、お師匠。おなつかしゅう。」などと言ってる間に和尚は、上手投げという派手な手を使って、ものの見事に荒磯の巨体を宙に一廻転させて、ずでんどうと土俵のまん中に仰向けに倒した。

これは明らかに、才兵衛の悪事によって生まれた「悪評」に対する制裁です。この結末の変更には、西鶴と太宰との不孝に対する見方の違いがはっきりと表れています。西鶴は芸事にふけること、そのものを不孝と考えました。しかし太宰は、芸事にふけるだけでは不孝とは見なしませんでした。よって相手に怪我をさせても気にとめない悪人・荒磯が、師匠・鰐口に退治されるという、因果応報の話に変えたのです。

江戸の目から近代文学を読む

通俗的な固定観念に異を唱えてみせることは、西欧思想を受容した近現代の小説の本領の一つです。明治や昭和の作家たちにとって、江戸時代以来の孝が恰好の標的になったのは、

ある意味で自然なことだったと言うべきでしょう。

明治に入ってもいまだ賛美する風潮の根強かった敵討ちの理不尽さ、空しさを、鷗外『護持院原の敵討』は徒労感たっぷりに描きました。同じ鷗外の『最後の一句』は、江戸の有名な孝行美談を、封建社会に異議を唱える物語へと書き換えました。太宰『新釈諸国噺』は異を唱えた訳ではありませんが、近代人にとってより理解しやすい不孝話へと書き換えました。もちろん、当時にあってその批判は十分に有効なものだったことでしょう。また、近代の作品には今読んでも色あせない魅力があります。しかしながら、文豪たちは江戸の全てを知っていた訳ではありませんし、その時代なりの考え方の傾向もあったはずです。今こうして江戸の側に立ってそれらの小説を読むと、批判を急ぐばかりに、江戸の孝に対する理解が不十分だったのではないかな、と疑問に思う点も見えてきました。もちろん筆者は、作品の価値を貶《おとし》めようとしているのではありません。ただ、江戸について調べた上で、その価値観に寄り添って読み直してみる、これもまた近代文学の楽しみ方の一つではないでしょうか。

第七章　軍国主義下の子供たちへ——明治から敗戦まで

1　維新政府と表彰

三都から全国へ

江戸から明治へと世が大きく移り変わっても、孝子・節婦などの表彰は引き続き行われました。注目したいのは、新政府が、きわめて早く孝子表彰に取りかかったことです。

慶応三年（一八六七）、大政奉還（十月十四日）や王政復古の大号令（十二月九日）といった駆け引きによって、旧幕府と新政府との間の緊張が頂点に達します。翌慶応四年（一八六八）の一月三日、鳥羽・伏見の戦いを新政府軍が圧倒すると、徳川慶喜《よしのぶ》は六日に大坂城を抜け出し、江戸へと向かいました。九日には長州軍が大坂城を砲撃して、城は炎上し、大阪の街は一時騒然となったといいます。

ほどなく一月二十二日に新政府は大阪鎮台を置き（すぐに大阪裁判所と改称）、大阪を手中にしました。さらに、大阪への遷都を主張する大久保利通の後押しもあって、三月二十三日には明治天皇みずから大阪へ行幸しました。ここから閏《うるう》四月七日までの四十四日間、天皇は大阪に在して政治を執り行ったのです。

その大阪行幸のさなかの四月二十二日、太政官は大阪裁判所に対して、孝子・節婦・七十歳以上の老人、平生忠義の志深き者などを取り調べ、申し出るように告げま

大阪鎮台。明治天皇の孝子表彰は大阪から始まった（立命館大学アート・リサーチセンター蔵、arcUP7991）。

した（『法令全書』明治元年第二百五十五号）。また四月には京都市中へ、六月には江戸へ向けても同様の発令をしました（内閣記録局編『法規分類大全』賞恤門《しょうじゅつもん》〔1〕）。さらに同じ七月には、全国の規則を一律にするために、京都府に倣うよう布告しましたが、その具体的な項目のなかで、孝子奇特者に褒美を下すよう命じました。

この、明治天皇が初めて孝行者表彰を行った慶応四年（一八六八）四月という時期は、戊《ぼ》辰《しん》戦争もまだ始まったばかりであり、版籍奉還、つまり土地（版）と人民（籍）とが薩長土

肥の四藩から天皇へ奉還される、半年以上も前のことです。維新期における新政府の取り組みの中でも、いかに早いものであったかが分かるでしょう。

大阪裁判所へ告げた「達《たっし》」には、次のように理由が記されています。「大政御一新につき、人倫の大道を明らかにし、天下の人心を興起あそばされたく思しめし、孝子節婦ならびに極老の者など、御賑恤《ごしんじゅつ》あらせられ候御趣意にこれあり候」。つまり天皇は、御一新にあたって人々に道徳がどのようであるべきかを示し、人々の心を奮い立たせたいと考えて表彰を行った、というのです。

幕府から新政府へと世が変わっても、まず明らかにすべき「人倫の大道」は孝や貞節であった、というところには、時代の連続性を感じざるを得ません。さらに言えば、支配者が変わって真っ先に孝行者の表彰をする、ということには、誰が新しい統治者かを宣言する役割があったと言えるでしょう。

巡幸の先々で

大阪から戻って約半年後の明治元年（一八六八）九月二十日、明治天皇は京都御所を出て、二十三日間をかけて十月十三日に江戸へ向かいました（東京行幸）。これに先だって、道筋の七十歳以上の者、孝子、義僕、職業出精者、さらには水害や火災に遭った者などを取り調

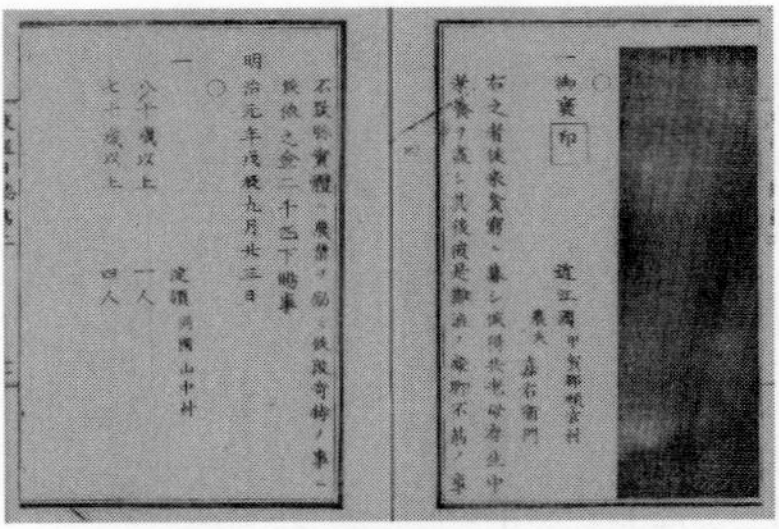

官版『東巡日誌』。孝子への賞状の写しを掲載する（早稲田大学図書館蔵）。

べて、天皇が通るさいに弁事（行政官の職員）へ報告するよう布達しました（『法令全書』明治元年第七百九十九）。『東巡日誌』（官版）にはその賞状の写しが掲載されており、これによれば、孝行者だけで六十名を越えました。

十二月に京都へ戻った明治天皇は、翌二年（一八六九）三月七日、ふたたび二十二日間をかけて江戸行きを果たしました（東京再幸）。このさい太政官も東京に移され、以来天皇は東京を住まいとすることとなりました。

東京に居を定めたあと天皇は、六大巡幸と呼ばれる全国行脚に出ます。明治五年（一八七二）に近畿・中国・九州、同九年に東北・北海道、同十一年に北陸・東海道、同十三年に甲州・東山道、同十四年に山形・秋田・北海道、同十八年に山口・広島・岡山へと旅しました。それぞれの旅に出る前、天皇は孝子・節婦を調べて報告するよう、巡幸先の各県へ通達しています。天皇は巡幸先の各地で、前もって用意された孝子良民の名簿を閲覧し、賞を与えました（『太政官期　地方巡幸史料集成』第六巻）。

明治天皇の巡幸は、天皇がその姿を庶民の前に現した初めての出来事、と位置づけられています。天皇が庶民を見て、庶民が天皇を見る。ここに生まれる相互交流の中で、孝子良民といった善人の表彰は、きわめて重要な媒介となったことでしょう。

地方から中央へ

明治元年（一八六八）十月二十五日には、東巡の道筋で行った褒賞や賑恤を、「皇国中遠《えん》邇《じ》〔遠くと近く〕無く」広めるため、それぞれの府県でも行うよう布告しました（第八百九十二号および同年十一月二十五日第九百八十九号）。つづけて翌年二月五日には、「府県施政順序」（第百十七）が布告され、忠孝・節義・篤行者を旌表《せいひょう》することは、政府ではなく府県の役割であると正式に位置づけられました。

しかしその後、表彰の権限は次第に中央へ引き戻されて行きます。たとえば明治二年七月二十七日「府県奉職規則」では、永代あるいは一代のあいだ名字帯刀を許すというような重いものは民部省へ決済を請う必要があるものの、そうでない軽い賞については、府県で速やかに行うよう指示されました。これ以後、事前に稟議《りんぎ》しなければならない範囲が段々と広まって行きます。明治三年十二月（日付不明）には、賞の軽重にかかわらず、緊急のもの以外はまず大蔵省へ稟議し、認められた後に施行するよう布告がありました（明治四年〈一八七一〉十一月四日「太政官布告」、同月二十七日「県治条例」等にも言及あり）。さらに明治八年（一八七五）七月十日「篤行奇特者賞与規則」によって、その詳細が定められました。善行の年数を主な基準として、一等賞から三等賞に分け、それぞれの賞金額が定められたのです。

このようにして明治政府は、早い時期に巡幸と地方表彰の制度化という二つの方法で、日本全国の孝行者への表彰を自らの管理下に置きました。表彰制度が全国的に統一されたということは、じつは日本の歴史上において、きわめて画期的なものでした。

これまで述べて来た通り、江戸時代には盛んに表彰が行われましたが、それは全国的なものではありませんでした。藩やその下位の行政単位で、それぞれの裁量で独自に行われていたのです。藩が独立性を保っていたため、表彰という行為は、その中で閉じたものであった訳です。もちろん、これも第二章5節で述べた通り、寛政改革期には幕府が『官刻孝義録』という五十巻五十冊の書物を刊行して、全国の孝子良民を掲載しました。しかしこれとて、各藩が独自に表彰したものを、幕府が報告させて集成したに過ぎません。江戸幕府が直々に孝行者を表彰した例もあることはあります。しかしこれらは、ほとんどが幕府の直轄地の住民でした。幕府は基本的に、藩の表彰には関与しなかったのです。

ましてや江戸時代の天皇ともなれば、その例はごく少数です。京都の孝子・儀兵衛と、あとは東海道府中宿（現・静岡県静岡市）の義僕・八助に賞を与えたことが知られている程度です。このように、天皇や将軍のような全国的な為政者がシステマティックに表彰に関わるのは、長らく無かったことです。

こうした経緯を考えると、明治天皇と新政府が新たな直轄地で早々と孝行者の表彰を行い、行幸の先々でも表彰し、さらに地方での表彰をも自らの管理下に置いたことは、極めて画期的なできごとでした。奈良・平安時代以来、孝行者表彰はふたたび国家の事業となったのです。

新聞と『明治孝節録』

こうした表彰を世に広めたのは、新聞です。法整備に従って各府県は、地元に孝行者などの善人がいた場合には、その人物がいかに善人であるかを書き記した文章を大蔵省へ差し出すことになりました。このことは、一つの新しい動きを生み出しました。各県は地元の人物の伝記を書いて大蔵省へ送る。受け取った大蔵省はそれを審査して地方へ返す。つまり孝子伝という文書が、大量に中央と地方とを往復することになったのです。

この文書を手に入れて、記事にしていたのが当時の新聞でした。明治前期の新聞を開くと、雑報欄（今で言う社会面）に、孝行者や節婦についての新鮮な記事が数多く掲載されています。ただこれらは、県から政府へ上申された資料を、まだ決済が降りていない段階で新聞が掲載してしまっていたようです。たとえば新聞『日新真事誌』明治六年（一八七三）九月十

『明治孝節録』。新聞記事を積極的に取り入れた。

九日の記事には「本月九日、小田県ヨリ奇婦ノ一節ヲ具状スル伝ヲ得タリ」という文言があります。「具状」つまり上申の段階で情報を得て、記事にしていたのです。

明治十年（一八七七）には、宮内省から『明治孝節録』全四冊が出版されました。明治期の人物を主として取り上げた、絵入りの孝子良民伝です。編纂を指示したのは明治天皇の皇后である昭憲皇太后でした。

この本の成立にも、新聞が大きく関わっていました。序文によれば、皇太后は新聞に孝子節婦の記事があると、それに感心して女官に採録させていました。その資料はかなりの量になりましたが、明治六年（一八七三）の火災で焼失してしまいました。そこで侍講の福羽美静《ふくばびせい》が諸官府の賞典録から資料を集め、近藤芳樹《こんどうよしき》が文章を整えて作られた、とのことです。

序文だけ読むと、新聞の利用は最初の段階のみで、最終的には用いられなかったかのようにも読めます。しかし実際に『明治孝節録』の文章を調べて見ると、かなり多くの部分で新聞の文章を利用していました。

緑綬褒章

明治十四年（一八八一）からは、地方の表彰に国が許可を出すという制度が廃され、「褒章条例」が布告されました。国が直々に組織的な表彰を行うようになったのです。

褒章は現在六種類ありますが、制定当初は三種類だけでした。紅綬《こうじゅ》、藍綬《らんじゅ》、そして緑綬《りょくじゅ》褒章です。紅綬褒章は人命救助をした人に、藍綬褒章は学校や病院を建てたり、河川の堤防を築いたり、農地を開墾したりした人に与えられるものです。これらに対し緑綬褒章は、「徳行卓絶ナル者ニ賜フモノトス」、つまり孝・順・節・義という徳行を行った人を表彰するために作られたものです。その後大正七年（一九一八）には私財を寄付した人への紺綬《こんじゅ》褒章が制定されました。さらに昭和三十年（一九五五）には事業や技術などで社会貢献した人に黄綬《おうじゅ》褒章が、学術芸術上の功績のあった人に紫綬《しじゅ》褒章が制定されて今に至ります。

緑綬褒章における親孝行表彰の実態を見て行きましょう。昭和五十五年（一九八〇）に総理府賞勲局が編集した『紅・緑・藍綬褒章名鑑』という本があります。これによれば、初年度の明治十五年には十五名の方が受章しました。青森二名、福島二名、栃木一名、群馬一名、山梨一名、大阪一名、広島五名、愛媛一名、鹿児島一名です。このうち福島と愛媛の方は節婦としての生き方が評価されたようです。ですから孝行者は十三名、ということになります。

資料には、各人がどのような孝行を行ったかということが記録されています。しかしどれも「其養父存生中、能ク孝養ヲ尽シ、茲《ここ》ニ二十余年、志操一日《いちじつ》ノ如シ。洵《まこと》ニ奇特トス」というように、抽象的で凡庸な書き方がなされるのみです。江戸時代にあったような奇抜なエピソードは、残念ながら、ほとんど見られません。

植民地での表彰

明治天皇がいちはやく孝行者を表彰したことは、統治権が誰にあるかということを示す役割を果たした、とこの章のはじめに書きました。同じことは、明治中期以降、大日本帝国が版図を拡大した際にも、自覚的になされたようです。そう、新たな領地で孝行者が表彰されたのです。

大正十四年（一九二五）五月十日、大正天皇の結婚二十五周年を記念して、全国の孝子・節婦などの徳行者三百九名が表彰されました。翌年にそれをまとめて本にしたのが、『大正徳行録』（宮内大臣官房編）です。日本近代に生きる孝子良民を集めた書物としては、先に触れた『明治孝節録』以来、約五十年ぶりに刊行されたものです。該書は前作『明治孝節録』がカバーしなかった地域を含んでいます。巻末に朝鮮、台湾、関東（中国関東州）の孝子良民を掲載しているのです。さらに言えば、北海道と沖縄県も新たに加わった地域です。

それぞれの記事には、各植民地の事情が覗えます。台湾は、日清戦争に勝利した後、明治二十八年（一八九五）の下関条約によって日本の植民地となりました。『大正徳行録』台湾の部には十二名が掲載されていますが、当時の皇太子・裕仁《ひろひと》親王が台湾を訪問した際に表彰した人物が多く掲載されています。裕仁親王は大正十二年（一九二三）四月十六日から二十七日までの十二日間、台湾を旅して、その間に多くの孝子良民を表彰しました。明治天皇の巡幸を彷彿とさせます。

中国・遼東半島南部の関東州は、日露戦争終結後の明治三十八年（一九〇五）に、ポーツマス条約に基づいて日本が租借しました。『大正徳行録』は、この部に三名を収めています。この三人は現地で生まれ育った人ではありませんでした。全て日本に生まれ、何らかのタイミングで日本から渡った人々でした。これは関東州が租借地であって、そこの住民は日本国籍を持たなかったためだと思われます。

朝鮮は、明治三十八年（一九〇五）に統監府を漢城（現在のソウル）に設置したのを始めとして、明治四十三年（一九一〇）には韓国併合条約の調印に至りました。『大正徳行録』朝鮮の部に収められた十六名の中には、江戸時代の孝子伝かと思わせるような典型的な孝子もいます。しかし、より目を引くのは、植民地ならではの行動をしていた人々です。たとえば、平安南道（現在の北朝鮮中西部）のある人物（明治五年〈一八七二〉生）の伝記は、要約する

『大正徳行録』。植民地で行った表彰も記録されている。

と次のようなものです。

○○はもと役人だったが、大正四年以降は農業に従事した。彼はよく日韓併合の本旨を理解し、新政の趣旨の徹底に努め、大正八年の三・一独立運動（原文では「騒擾《そうじょう》」）以来は、とくに民心の善導と日本人・朝鮮人の融和に力を用いたので、この里内の民心は平穏で、家業に励むようになった。農業においては小作人の利益を図り、農閑期には叺《かます》（藁袋）の生産や養蜂を奨励した。また学校設立などに多大な寄付を行った。こうしたことから大正九年と十一年の二度、道知事から篤行者として表彰を受け、また選ばれて面（郡県の下にある自治的共同体）評議会委員、道評議会委員の公職にもついた。

ここで評価されている徳目をあえて言えば「忠」ということになるかと思います。しかしながら、その忠誠が向けられる先は、祖国ではなく、新たな支配者たる日本でした。積極的な親日派を日本政府が表彰することで、それは善行奨励、という以上の効果が期待されたことは想像に難くありません。

親孝行は、言うまでもなく個人的な行為です。しかし、表彰されるとなると、それは政治的システムと結びついて公のものとなり、それは表彰者、被表彰者だけの問題に留まらなくなります。表彰は他から見られ、知られることによって、支配地全体の問題となるのです。被表彰者は、土地の人物が新支配者を受け入れた、ということを象徴する存在となりました。それだけでなく、治めている政治が優れていることの生きた証ともなったのです。

2 忠孝一本の思想

さまざまな考え

近代における戦争と孝との関わりを考える上では、表彰だけではなく思想面にも注目する必要があるでしょう。天皇を中心とする国家像を形成し、国民に説く上で、孝思想は重要な役割を果たしました。ただし明治時代前期についてのみ見れば、それは一本道ではありませんでした。

明治十二年（一八七九）九月、それまでの「学制」を廃止して、「教育令」が公布されました。この起草には米国の教育を視察した田中不二麻呂《たなかふじまろ》が携わったため、自由主義的な内容が多分に含まれました。さらに、その草案は伊藤博文によって手が加えられましたが、例えば「生徒ヲシテ道徳ノ性情ヲ涵養シ愛国ノ主義ヲ銘記セシムルニハ特ニ教員ノ注意スベキ者トス」（第五十六章）といった条項が削られたことから覗えるように、田中が示した傾向に一層拍車をかけたものでした（国立公文書館蔵『公文録　文部省之部』明治十二年自七月至十二月）。こうしたことから同令は「自由教育令」とも称されました。

一方その直前、明治天皇は正反対の意向を「教学大旨《たいし》」で示しました。これは、明治十一年の秋に北陸・東海道を巡行したあとに示した内意を侍講・元田永孚が記したものです。その文章は次のように始められます。

教学ノ要、仁義忠孝ヲ明カニシテ、智識才芸ヲ究メ、以テ人道ヲ尽スハ、我祖訓国典ノ大旨、上下一般ノ教トスル所ナリ。然ルニ輓近《ばんきん》〔近ごろ〕、専ラ智識才芸ノミヲ尚《たっ》トビ、文明開化ノ末ニ馳セ、品行ヲ破リ、風俗ヲ傷《そこな》フ者少ナカラズ。

「仁義忠孝」を脇に置いて、知識ばかりを追い求める教育を強く非難したのです。これをきっかけに、自由教育令は改正されることとなりました。

実際の教育も「教学大旨」に沿った路線変更がなされました。たとえば明治十四年（一八八一）六月に文部省から出された「小学校教員心得」は、その第一条で次のように宣言しました。

教員タル者ハ殊ニ道徳ノ教育ニ力ヲ用ヒ、生徒ヲシテ皇室ニ忠ニシテ、国家ヲ愛シ、父母ニ孝ニシテ、長上ヲ敬シ、朋友ニ信ニシテ、卑幼ヲ慈シ、及自己ヲ重ンズル等、凡《すべ》テ人倫ノ大道ニ通暁セシメ……

父母への孝を、皇室への忠、国家への愛とともに小学校教育の最優先事項に掲げたのです。しかしながら、こうした忠孝思想への傾斜は、少なくとも明治二十年代初頭までは、必ずしも独占的ではありませんでした。たとえば福澤諭吉『徳育如何《いかん》』（明治十五年〈一八八二〉刊）は次のように言います。維新から十五年、すっかり不遜かつ軽薄になった世相を憂えるのは結構だ。しかしだからと言って、

之《これ》ヲ古ニ復セント欲スル歟《か》。則《すなわ》チ元禄年間ノ士人ト見《けん》ヲ同《おなじ》フシテ、元禄ノ忠孝世界ニ復

古セント欲スル歟《か》。

つまり、開国と維新によって人々の考えも変わったのに、「忠孝札」を立てた元禄時代のように忠孝を重んじる世界に復古したいというのか。「我輩ハ其《その》方略ニ感服スル能《あた》ハザルモノナリ」と、孝をキッパリと排斥しようとする構えです。「元禄ノ忠孝世界」という言い方には、侮蔑の気味さえ窺えます。

このように、とくに明治十年代から二十年代はじめにかけては、徳育論争の綱引きが続いていました。この時期は、江戸時代から敗戦までの間で、もっとも孝が軽んじられた時代、と言って良いかも知れません。

教育勅語

こうした中、皇室を中心とする忠孝主義教育の流れを決定的にしたのは、大日本帝国憲法発布の翌年、明治二十三年（一八九〇）十月三十日に発布された「教育ニ関スル勅語」、いわゆる教育勅語でした。

勅語はまず、歴史から説き起こしました。天皇の祖先は国を作り、徳ある行いを続けてきた。そして、「我ガ臣民、克《よ》ク忠ニ、克ク孝ニ、億兆心ヲ一ニシテ、世々厥《そ》ノ美ヲ済《な》セルハ此レ我ガ国体ノ精華ニシテ、教育ノ淵源亦《また》実ニ此ニ存ス」、つまり、国民は代々、忠と孝とをもって心を一つにして来た。これぞ日本の国柄の神髄であって、教育もこの道理に基づいてなされるべきだ、と説きました。忠孝は、歴史的に受けつがれて来た美徳である、という訳です。その上で、今を生きる臣民に対して、次のように語りかけました。

　爾《なんじ》臣民、父母ニ孝ニ、兄弟ニ友《ゆう》ニ、夫婦相和シ、朋友相信ジ、恭倹己《おの》レヲ持シ、博愛衆ニ及ボシ、学ヲ修メ、業《ぎょう》ヲ習ヒ、以テ智能ヲ啓発シ、徳器《とくき》ヲ成就シ、進《すすん》デ公益ヲ広メ、世務《せいむ》ヲ開キ、常ニ国憲ヲ重《おもん》ジ、国法ニ遵《したが》ヒ、……

つまり孝は、他の徳目とともに、古えからつながり、今も実践すべき徳目だ、というのです。続けて、もし「一旦緩急アレバ」、すなわち国家の非常時となれば、「義勇公ニ奉ジ、以テ天壌無窮ノ皇運ヲ扶翼《ふよく》スベシ」、すなわち、天皇を助けるために義勇をもって天皇に仕えよ、という訳です。このように、伝統↓現在の平時↓未来の非常時、と説いて、歴史に連なる意識、臣民としての研鑽《けんさん》、さらには非常時における団結を求めたのです。

勅語が発布された四年後の明治二十七年（一八九四）七月には日清戦争が始まり、そのあとも日露戦争、第一次世界大戦、十五年戦争と、日本はくりかえし「緩急」、すなわち戦争を経験することになりました。こうした状況も後押しして、勅語は国民道徳の絶対的基準として、敗戦までの教育を決定づけました。

教育勅語の発布後、文部省はただちにその理念の浸透を試みました。謄本を全国の学校に配布し、祝日や大祭日《たいさいじつ》（紀元節、天長節、元始祭、神嘗祭《かんなめさい》および新嘗祭《にいなめさい》）には、小学校長、教員、生徒が一堂に会して祝いの儀式を執り行うよう命じました。さらに明治二十四年（一八九一）六月には、文部大臣・大木喬任《たかとう》から「小学校祝日大祭日儀式規程」として具体的な段取りが指示されました。

これによれば、第一に、天皇及び皇后の御影に最敬礼（腰を折って深々と頭を下げる）をし、万歳をします。第二に、学校長もしくは教員が、教育勅語を奉読します。天皇になり代わって読む訳ですから、さぞ緊張したことでしょう。第三に、学校長もしくは教員が、教育勅語の解説をします。その内容も具体的に指示されました。「聖意ノ在ル所ヲ誨告《かいこく》（教え諭すこと）シ、又ハ歴代天皇ノ盛徳鴻業ヲ叙シ、若《もし》クハ祝日大祭日ノ由来ヲ叙スル等、其《その》祝日大祭日ニ相応スル演説ヲ為シ、忠君愛国ノ志気ヲ涵養センコトヲ勉ム」、つまり、文意の解説、天皇の事跡、祝日大祭日の由来など、聞いている小学生たちの忠君愛国の気持ちを養う話をせよ、という訳です。

式はまだ続きます。第四に、教員および生徒が、その祝日大祭日にふさわしい唱歌を合唱します。明治二十六年（一八九三）にはそこで謳われる唱歌が指定されました（祝日大祭日歌詞並楽譜）。その一つに勝海舟作詞・小山作之助作曲「勅語奉答」がありました。歌詞は次のようなものです。

教育勅語奉読式。教員による奉読と生徒による歌唱などを行うよう定められていた（『風俗画報』64号）。

あやに畏《かしこ》き天皇《すめらぎ》の　あやに尊《たふと》き天皇《すめらぎ》の
あやに尊《たふと》く畏《かしこ》くも　下《くだ》し賜《たま》へり大勅語《おほみこと》
是《これ》ぞめでたき日の本の　国の教えの基《もとゐ》なる
是《これ》ぞめでたき日の本の　人の教えの鑑《かがみ》なる
あやに畏《かしこ》き天皇《すめらぎ》の　勅語《みこと》のままに勤《いそし》みて
あやに尊きすめらぎの　大御心《おほみこころ》に答へまつらむ

つまりは教育勅語へのアンサーソングで、勅語の教えに従って励み、天皇の御心に応えます、と歌っています。こうした一連の擬似的な応答によって、子供は勅語を自らが奉ずるべき道徳だと体感したことでしょう。これに加えて、当日は体育館や野外で遊戯や運動

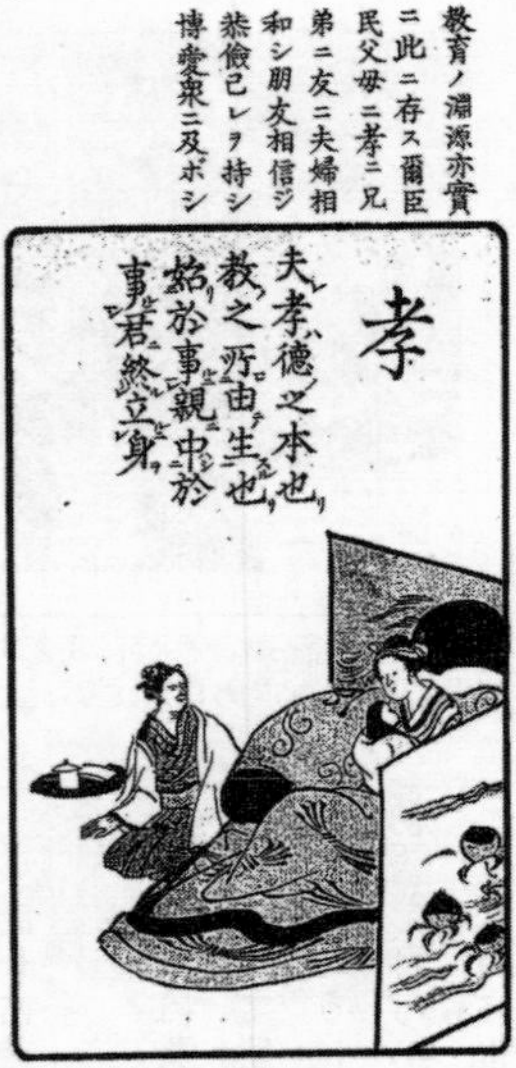

『教育桃太郎冊紙』より「孝」。教育勅語の文と桃太郎の絵を取り合わせた。

の機会を設けることを勧められていました。また子供たちには、茶菓子や教育上役立つ絵画などを配布しても良い、とされていました。当時の子供にとっては楽しみな側面もある行事だったのではないか、と推測します。

修身の授業も、教育勅語に伴って大きく変わりました。勅語の翌年に制定された「小学校教則大綱」が、修身科について、「教育ニ関スル勅語ノ旨趣ニ基」いて教えるように規定したためです。当時の教科書は検定制であり、さっそく意向に沿う形で、尊皇、忠孝を強調した修身教科書が作成されました。さらに明治三十七年（一九〇四）から国定教科書が使用されるようになると、紆余曲折がありながらも、その方向性は強化されて敗戦まで続くことになります。

民間でも、掛軸、掛図、双六など、勅語に関する出版物が多く出回りました。珍しいところでは、山本放巻著『文武忠孝　教育桃太郎冊紙』（明治二十三年〈一八九〇〉十一月　松本平吉刊）という本があります。これは教育勅語の文章と桃太郎の絵物語とを取り合わせて一冊としたものです。図に挙げたのは、そのうち「孝」を取り扱ったページです。教育勅語のうち「教育ノ淵源亦《また》実ニ此ニ存ス。爾《なんじ》臣民、父母ニ孝ニ、兄弟ニ友《ゆう》ニ、夫婦相和シ、朋友相信ジ……」の部分に、桃太郎が生まれた場面を配しています。この図柄だけでは桃太郎であることが一見分かりにくくはありますが、屏風の桃の絵が、それを示しています。現在では桃太郎といえば、大きな桃がドンブラコと流れてくるものですが、江戸時代後期までは、お爺さんお婆さんが若返って桃太郎が生まれる、というストーリー（回春譚）が主流でした。よってこの図柄自体は、当時としてはもはや主流では無かったものの、必ずしも不自然だった訳ではありません。桃太郎を通じて孝を強調するためには、お母さんがお腹を痛めて産む、こちらの話の方が親の恩が強調できて都合が良かったのでしょう。なお、このあと桃太郎は教育勅語の文言の通りによく学び、「天壌無窮ノ皇運ヲ扶翼ス」るために、鬼ヶ島へ出征し、鬼を倒します。そして、取ってきた宝を、お爺さんお婆さんではなく、天皇に捧げるのです。

日本独自の忠孝一本

孝は言うまでも無く中国から来た思想です。しかしながら近代の日本人は、日本の孝こそ独自かつ優れたものである、と考えていました。それを端的に表現する言葉が「忠孝一本」でした。この考えは江戸時代後期の水戸学者の間で生まれたものとされていますが、分かりやすく言えば、忠と孝とは一つのものなのだ、ということです。

忠と孝とをつなげる回路は従来から色々とありました。たとえば第一章で見た『孝経』には「孝を以て君に事《つか》ふるときは則ち忠なり」、という言葉がありました。孝の応用が忠である、ということです。「忠臣は孝子の門に出ず」も漢籍から出た格言ですが、これは、親に孝を尽す子供が成長して、主君に忠義を尽す人物となるという考えです。また、もし天皇への忠誠心を示すことが親の望みであるならば、そこでは忠イコール孝、ということになります。第五章の楠木正成・正行親子がそうでした。そうした中で明治期の皇国思想は、忠と孝との関係をより直接的なものとして描きました。たとえば勅語の翌年に刊行された解説書『勅語衍義《えんぎ》』(井上哲次郎著)は、次のように明確に説明しました。国民と臣民との関係は、父母と子孫との関係のようなものだ。つまり、一国は一家を押し拡げたものなので、一国の君主が臣民を指揮命令するのは、一家の父母が慈悲心をもって子孫に言いつけるのと同じなのだ。そして今、勅語において天皇が「爾臣民」と呼びかけているのだから、臣民は、子孫が父親に対する気持ちで謹んで聞き、深く心に刻まねばならない、というのです。このように、国を一つの家に見立てた家族国家観によって、忠と孝とを一致したものとして考えるのが当時広まった考えでした。

なぜ国家を一つの家と見なせるのか。それは、日本が神武天皇以来、万世一系の天皇を奉じてきたとされているからだ、と説明します。もちろん儒教の本場・中国でも孝を重んじてはいる。しかし、易姓革命・禅譲放伐が行われて帝王の血筋がコロコロと変わる中国では、忠と孝とが一体になるはずもない。つまり忠孝一本は、アジアにおける日本の優位性を説明するキーワードでもあったのです。

さらに、この忠孝によって統一された国体（国のあり方）、という考えは、戦時中には西洋との比較にも利用されました。たとえば井上哲次郎は先に見た『勅語衍義』を昭和十七年（一九四二）に再刊した際（『釈明教育勅語衍義』）、このことに筆を費やしました。米国は四十八州の寄り合い所帯で、個人主義・自由主義・功利主義だからまとまらない。さらに大統領はせいぜい八年の任期で、国の中心勢力たりえない。それでいて、ドイツ、イタリアの全体主義を非難しているにもかかわらず、今のような危急の際には、どうしても全体主義に近づかざるを得なくなっている。ひるがえってドイツ、イタリアが強大なのは全体主義のおかげである。しかしこれも日本には及ばない。なぜなら両国は、ヒットラーやムッソリーニという「不世出の英傑」がたまたま出てきたおかげで統一出来ているに過ぎないからだ。これが数代続くとは思われない。対して日本は建国以来、皇室を中心として統一するように出来ている、まことに幸せな国民だ。とくに危急の際にはこの統一がこの上ない力を発揮する、と結論づけました。

このようにして明治から敗戦までの日本は、他国とは違う忠孝一本、という点に、優位性を見出し、求心力の核としていたのです。

3　軍国少年に求められたもの

学べやまなべ君のため

ところで、戦時中の子供たちにとって、孝はどれほどの重大事だったのでしょうか。少し目先を変えて、日清戦争期の少年雑誌を見てみましょう。おそらく子供たちは、教育勅語が言うごとく、「一旦緩急アレバ義勇公ニ奉」ずるために、「父母ニ孝ニ兄弟ニ友ニ」、儒教道徳に邁進していただろう……。こんな予見をもって少年雑誌をひもとくと、軽い肩透かしをくらうことになります。

日清戦争は明治二十七年（一八九四）七月に始まりましたが、その翌年一月に創刊された少年誌が『少年世界』です。記事を読んでみると、思ったほど孝が強調されていないことに驚かされます。たとえば第四号（明治二十八年二月）から同誌は、「名誉賞牌《しょうはい》」という独自の少年表彰制度を創設しました。この対象者は満六歳から十七歳の少年で、評価基準は、第一に学術優等、品行方正、第二に父母に孝、朋友に信、第三に忠勤勉励、と続きます。孝よりも学業のほうが優先されたのです。

じっさい、第六号から掲載された受賞者の伝記「得牌者列伝」を読んでみると、孝行ぶりが称揚されているものは必ずしも多くありません。たとえば第七号に掲載された埼玉県の小高新作君は、家が貧しく高等小学校に入ることを父に許してもらえませんでした。叔父を説得して入学したものの、結局第二学年を終えて退学せねばなりませんでした。しかし、彼は学ぶことを諦めませんでした。少年誌を読み、友人と学習サークルと文章サークルを立ち上げて、寝食を忘れて学んだ、というのです。

雑誌『少年世界』。日清戦争直後に創刊された。

従来の孝子伝であれば、頑なな父に従い、働きながら殊勝に父の手助けをする、といった慎ましい姿が描かれそうな所です。しかし新作君はそうではありませんでした。学べない環境に陥っても諦めず、自ら学びの可能性を切り拓いて行ったのです。

孝より勉強。当時におけるこのような子供への期待をどう理解すべきでしょうか。

第十一号掲載の詩「つくせやつくせ」（栗木栄太）は、少年への要望を次のように的確に表現しています。

尽《つく》せやつくせ君のため、尽《つく》せやつくせ国の為、日本男子《やまとおのこ》の本分を、
学べやまなべ君のため、学べやまなべ国の為、剣《つるぎ》もとがずばきれざるぞ。

日本男児として、君（天皇）に、国に尽すべし。ではどうしたら尽くせるのか。それは学ぶことである、という訳です。学んだ上で、どのように国に尽くすのでしょうか。同誌第十四号掲載の講演「大日本国男児」（柏軒主人）は、大日本男児の大責任は、第一に海軍軍人たる事、第二に航海に従事する事、第三に貿易業に従事する事、第四に工業に従事する事、第五に学術の蘊奥《うんおう》を究むる事、だとしています。この五項目は要するに、戦争と国力増強に直接的に役立つ分野、ということになるでしょうか。実学を学んで、戦時中の国にとって有益な人材になることが、忠（更にはそれと一体化した孝）だったのです。

日清戦争下においては、実際に少年たちに求められていたのは、忠孝という理念よりも、国力に直結する学びだったのです。

戦況の悪化とともに

孝よりも大事なことがある、という傾向は、太平洋戦争下には一層強くなりました。ここからは少年誌『少年倶楽部』を素材としてたどって行きましょう。

昭和十六年（一九四一）に入ると、米国に対しての憤懣《ふんまん》が募って来て、少年誌にも開戦やむなしという雰囲気が満ちてきます。果たして十二月七日早朝（現地時間）、ハワイ・オアフ島の真珠湾における奇襲をもって、太平洋戦争（大東亜戦争）が開戦しました。その翌々月、昭和十七年二月号には、時の内閣総理大臣・東条英機が「大戦下の少年少女諸君へ」という文章を寄稿しました。そこでは日本が米英に対して「正義の剣」を抜き、陸に海に空に敵を打ち破ったこと、我々はこの皇国に生まれた光栄を感謝すべきこと、この戦争は大東亜に住む人々が幸福で平和な国々を新しく建てて行くための義戦であることなどが記されています。そして最後に、子供たちへ次のように呼びかけました。

このためには、今のうちから皆さんが、毎日のつとめを、りつぱになしとげて行くことが実に大切であります。それには、よい子供になつて、お父さんやお母さんや先生のおつしやることを十分に守り、よく学び、よく遊び、心を体を、あくまで強くし、いま第一線に出て戦つてゐられる兵隊さんや、国内で力をつくしてゐられるお家の方々にまけない、さらにりつぱな日本人にならなければなりません。

ここでは父母の言いつけを守ること、すなわち親孝行が戦時下の子供の務めの一つであると記されています。

しかしながら、開戦から半年を経た昭和十七年（一九四二）六月、ミッドウェー海戦で空母四隻を失うなどの大敗を喫した後は形勢が逆転し、日本は劣勢に陥りました。その半年後の翌昭和十八年（一九四三）一月号には、情報局次長・奥村喜和男《おくむらきわお》が「大東亜戦下の新年を迎へて　少年諸君へ」という文章を寄せましたが、そこでの呼びかけは、東条のものとは色調が大きく変わっています。真珠湾攻撃の勝利に酔うことを戒め、「戦ひはこれからである。この戦ひは、真に食ふか、食はれるかの大戦争なのである。われわれは石にかじりついても、この戦ひに勝ちぬかなければならない」と引き締めたあと、次のように結んだのです。

少年諸君は、前に述べたやうに、戦場の勇士の心を心として精神をみがき、身体をきたへ、りつぱな日本人となつて、大日本帝国の光栄を保持するために、いつ何時でもお役に立つといふ覚悟を、一そう固めなくてはならない。

注目すべきは、家庭はおろか、学校にも全く触れていないことです。代わりに訴えるのは、精神、身体、覚悟と、まるで軍人に呼びかけている風情です。

戦況はさらに深刻になって行きます。二月のガダルカナル島撤退、四月の連合艦隊司令長官・山本五十六の戦死、五月のアッツ島における玉砕などを経て、敗色は誌面にもにじみ出てくるようになりました。そうして迎えた昭和十八年八月号には、「大空の決戦場へ　少年諸君、つぎは君らだ」という記事が掲載されました。この記事は「十四歳になれば少年飛行兵になれる」のだから、今から用意せよ、と子供たちに訴えました。続く九月号は「少年飛行兵問答」というページを組みました。これは問答体で綴る入隊案内でした。陸軍、海軍の少年飛行兵になるための手順、年齢、試験、さらには志願の具体的な方法について、事細かに記して子供たちに志願を勧めたのです。

少年諸君、軍人勅諭を奉唱せよ

さらに同年十一月号には、大本営陸軍報道部の陸軍少佐・杉本和朗《すぎもとかずお》が「少年諸君　軍人勅諭を奉唱せよ」と題した文章を寄稿しました。このタイトルには驚かされます。これまで学校を中心として子供たちにこれ以上ないほどに読ませ、奉じさせてきた教育勅語が、ないがしろにされているのですから。

軍人勅諭、正式名「陸海軍軍人に賜はりたる勅諭」は、教育勅語より八年前の明治十五年（一八八二）に下賜されたものです。「我が国の軍隊は世々天皇の統率し給ふ所にぞある」で始まる前文は、日本は神武の時代から天皇が兵を率い、凡そ七百年のあいだは武家の手に落ちていたが、今また古の制度に戻った、と歴史を説きます。その上で、「汝ら軍人の大元帥」としての立場から、共に国家のために力を尽すことを望みます。そして主文では五箇条を掲げますが、その第一は「軍人は忠節を尽すを本分とすべし」、そのあとに「礼儀を正しくすべし」「武勇を尚ぶべし」「信義を重んずべし」「質素を旨とすべし」が続きます。教育勅語で「父母ニ孝ニ、兄弟ニ友ニ、夫婦相和シ、朋友相信ジ、恭倹己レヲ持シ、博愛衆ニ及ボシ、学ヲ修メ、業ヲ習ヒ……」と家族を中心とした人付き合いや学習が勧められていたのとは大きな違いです。子供へ「教育勅語」ではなく「軍人勅語」を奉唱せよと呼びかけることが、いかに大きな方向転換か分かるでしょう。

杉本の「軍人勅諭を奉唱せよ」は次のように訴えました。

少年諸君、軍人勅諭を奉唱してください。そして軍人精神を、しつかりと身につけてください。

諸君もやがて、帝国の軍人となつて、大東亜戦に参加するのであります。そして諸君こそ、われわれの屍《かばね》を乗りこえて、この大事業を、りっぱにやりとげていくべき人たちであります。

ここに至って、子供はもはや文字通りの予備軍として扱われています。忠孝一本とはいいながら、もはや忠こそが至上の世界であり、孝とのつながりや、孝の果たすべき役割は顧慮されなくなってしまいました。

この変化は、そのまま終戦まで続きます。敗戦を報じた昭和二十年（一九四五）八・九月合併号の『少年倶楽部』に掲載された「玉砂利にそそぐ熱涙《ねつるい》」は、その掉尾《とうび》を飾る象徴的な記事だったと言えるでしょう。八月十五日に玉音放送を聞いて皇居へ駆けつけ、遥拝する人々の写真が掲載され、次のような文章が付されました。

「申しわけございませぬ。」

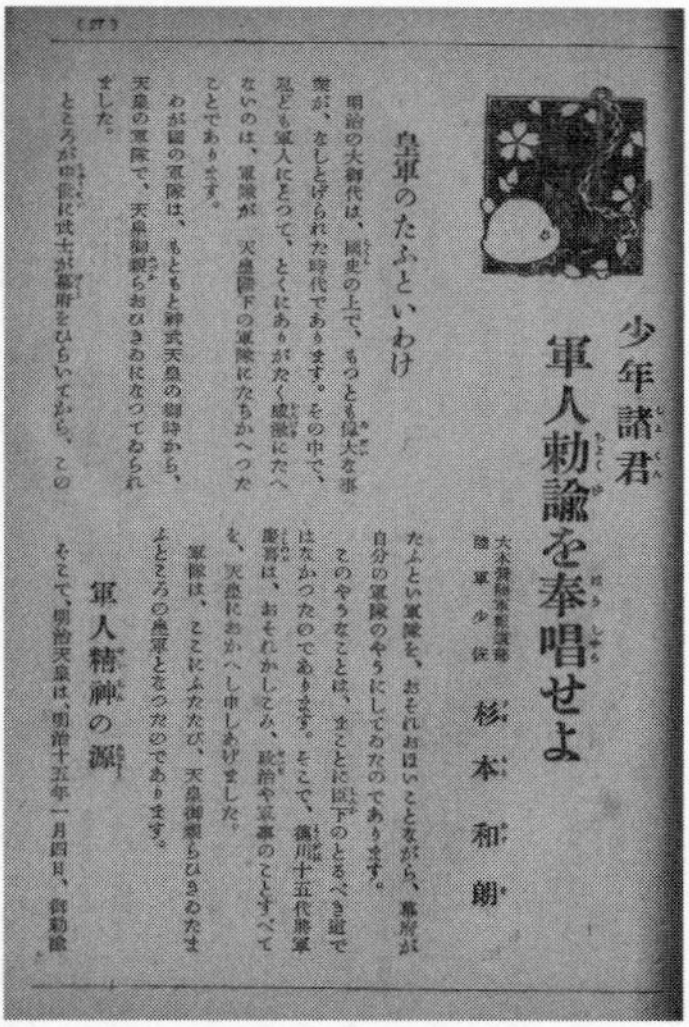
少年諸君
軍人勅諭を奉唱せよ
大本営陸軍報道部 陸軍少佐 杉本和朗

皇軍のたふといわけ

明治の大御代は、國史の上で、もつとも偉大な事業が、なしとげられた時代であります。その中で、私ども軍人にとつて、とくにありがたく感激にたへないのは、軍隊が　天皇陛下の軍隊にたちかへつたことであります。

わが國の軍隊は、もともと神武天皇の御時から、天皇の軍隊で、天皇御親らおひきゐになつてをられました。

ところが中世に武士が幕府をひらいてから、このたふとい軍隊を、おそれおほいことながら、幕府が自分の軍隊のやうにしてゐたのであります。

このやうなことは、まことに臣下のとるべき道ではなかつたのであります。そこで、徳川十五代将軍慶喜は、おそれかしこみ、政治や軍事のことすべてを、天皇におかへし申しあげました。

軍隊は、ここにふたたび、天皇御親らひきゐたまふところの皇軍となつたのであります。

軍人精神の源

そこで、明治天皇は、明治十五年一月四日、

「少年諸君　軍人勅諭を奉唱せよ」（『少年倶楽部』昭和18年11月号）。

――忠誠たらざりしをおわび申す人々の手のかふ〔甲〕に、熱涙は、とめどもなくしたたりおちた。

敗戦に至って、なおも忠が意識させられている点に、当時にあっての忠孝思想の強さに気《け》圧《お》される思いがします。ただその陰で、ここでも顧みられることの無かった孝のことを筆者としては思わずにいられません。

明治維新の最初期から、孝はさまざまな役割を果たしてきました。孝行者の表彰によって支配者交代を周知し、忠孝一本思想は教育勅語という具体的な文言を得て、国体を支える思想としての地位を確固たるものとしました。しかしながら、戦争という苛烈な現実の前ではどうだったでしょうか。基本理念ではあっても実戦力はない。個人的な苦難を乗り越える徳目ではあっても、それだけで公を助けるには足りない。そんな孝の無力さが露わになってしまったようにも思われます。

第八章　敗戦で孝は消えたのか

1　なぜ消えたのか、という問い

台湾での経験

去る二〇一九年、台湾大学で江戸の親孝行について講演をする機会をいただきました。そこで当初は、第三章に書いたような、江戸時代において孝思想や孝の体現者である孝子がいかに好まれていたか、ということをお話ししようと考えていました。しかし発表資料を作っている内に、ふと手が止まり、大きな疑問に突き当たりました。「この論旨は、台湾の人々にとって何のインパクトも無いのでは」、という疑問です。

台湾は、LGBTQ＋（性的マイノリティ）への理解が日本よりも格段に進んでいるなど、多様性を重んじる国である一方で、儒教倫理が根強い国でもあります。そこでは、今も親孝行の表彰が国家によってなされています。台湾内政部主催の「全国孝行奨」です。民国一〇八年（西暦二〇一九年）には、全国から三十名が選出されました。それぞれの行いは、写真入りのパンフレットにまとめられています。そればかりか、孝行奨のYouTubeチャンネルもあり、そのプロフィールや、どのような親孝行をしたかが、動画で紹介されています。中にはたとえば、二度も脳卒中に罹った母を楽しませようと毎日笑いを取っていたところ、奇跡的に病気が治った、という、昔ながらの孝子伝のような逸話もあります。また日常的にニュースでも孝行者の話題が取り上げられ、芸能人が親孝行のために評判が上がる、というようなことも珍しくないとのことです。

このように、親孝行という道徳への敬意と孝行者への表彰が生きている台湾へ、日本から出かけて行って、「江戸時代は親孝行が盛んだったんです」と訳知り顔で説いたところで、何の学問的なインパクトがあるでしょうか。「それはわざわざ論じるような特別なことか」と、ポカンとされるのがオチでしょう。

そこで、発表テーマを大きく方向転換することにしました。「今と違って江戸では孝行者の表彰が盛んでした」ではなく、「江戸で盛んだった孝行者の表彰が、どうして今の日本では衰退してしまったのか」ということをお話しすることにしたのです。じっさい話してみて、講演のあとの質疑応答でも、孝がここまで否定されている現代日本に、いまひとつ納得ができない、という反応が多かったのを覚えています。

この経験は、私に二つのことを気づかせてくれました。一つは、儒教倫理が根付いていた江戸時代の人々にとっての孝の重要さは、台湾の人々と同じく、論じるまでもないほどに当たり前のことだったのではないか、ということです。

そしてもう一つは、孝が廃れていった現代日本について、あらためて詳細に考える必要を感じました。敗戦を契機とした忠孝道徳の否定、という図式は分かりやすいのですが、それだけで良いのか。現代に至るまで、表彰を中心としてたどり直す必要を痛感したのです。

台湾内政部による YouTube チャンネル「孝行奨」。毎年約30名が表彰される。

2　孝道徳の否定

教育勅語もろともに

昭和二十年（一九四五）八月十五日、日本は降伏を受け入れ、戦後が始まりました。このことは孝という道徳に、かつてないほどの大きな断絶をもたらしました。

同年九月十五日、文部省は「新日本建設ノ教育方針」を発表し、「軍国的思想及施策ヲ払拭シ平和国家ノ建設ヲ目途」とする教育方針を謳いました。しかしそれが具体的な形となって表れたのは、翌月の十二月三十一日、連合国軍最高司令官総司令部（GHQ）が発表した「修身、日本歴史及ビ地理停止ニ関スル件」でしょう。修身科の科目にメスが入ったのです。

その一部を読んでみましょう。

日本政府ガ軍国主義的及ビ極端ナ国家主義的観念ヲ、或ル種ノ教科書ニ執拗ニ織込ンデ生徒ニ課シ、カカル観念ヲ生徒ノ頭脳ニ植込マンガ為メニ、教育ヲ利用セルニ鑑ミ……

つまり修身は歴史、地理とともに軍国主義を教え込むための科目だと名指しで糾弾されたのです。この提案によって、この三科目は授業が停止されました。翌年六月には地理科が、十月には日本歴史が再開しましたが、修身科は許可されませんでした。

あわせて、教育勅語の取り扱いも問題とされました。終戦から約一年後の昭和二十一年（一九四六）十月八日、文部省は「勅語及詔書等の取扱について」を出しました。ここでは、1、教育勅語を我が国の教育の唯一の拠り所としないこと。2、教育勅語を式日などで奉読することを慣例としていたが、今後はこれを読まないこと。3、保管や奉読にあたって神格化するような取り扱いをしないこと。という方針が示されました。明治二十三年（一八九〇）以来、五十年以上ものあいだ絶対的な存在であった教育勅語は、ここにおいて公的、特権的な役割を奪われたのです。

その約半年後、昭和二十二年（一九四七）三月三十一日に「教育基本法」が公布されました。ここには「孝」という文字は全く使われていません。教育基本法と教育勅語とは相容れないものです。翌昭和二十三年（一九四八）六月十九日には衆議院で「教育勅語等排除に関する決議」が可決されました。そこでは「これらの詔勅の根本理念が主権在君並びに神話的国体観に基いている事実は、明かに基本的人権を損い、且つ国際信義に対して疑点を残すもととなる」と明瞭な表現で、謄本の回収、排除が決議されました。

こうして戦後の孝道徳は、教育勅語もろともに消し去られて行きました。本来、親を大切にする親孝行という道徳は、必ずしも忠義や愛国心とセットで考えなければならないものではありません。しかし今なおそうした目で見られることが多いのは、この時点で一括りに葬られたことが大きいのです。

緑綬褒章の衰退

親孝行で表彰される人物も極端に減って行きました。たとえば緑綬褒章を見てみましょう。明治十五年（一八八二）から昭和の終わりにかけて、緑綬褒章は合計九百五人が受章しました。ただし、このうちの多くは孝行者ではありません。じつは明治二十七年（一八九四）からは、緑綬褒章の対象者に「実業に精勤」、つまり実業家や技術者、という項目が加わりました。昭和の終わりにまでに緑綬褒章を受けた九百五人のうちの多くは、この実業家や技術者です。孝子・順孫・節婦・義僕は全体の約五分の一に過ぎない百六十名ほどに留まっています。

さらに戦後では、孝子・順孫・節婦・義僕で緑綬褒章を受けた人は、知る限りでは、たった三名しかいません。昭和二十五年（一九五〇）には、新潟県刈羽《かりわ》郡野田村（現・柏崎市）の女性が表彰されました。彼女は夫が中風《ちゅうぶう》の病で伏してから、二十数年間看護につとめ、その一方で、自力で家業を営み三人の子を育てました。

また同じ年、愛知県豊橋市の女性も表彰されました。若くして夫を亡くし、あまたの再婚の申し入れを退けて、裁縫学校の教員となりました。そこでは寄宿舎の監督者を兼ねて生徒と寝食を共にし、みずから婦道の規範を示した、といいます。

昭和二十七年（一九五二）には富山県東礪波郡《ひがしとなみぐん》井波町《いなみまち》（現・南砺市《なんとし》）の女性が受章しました。この方は、幼少から貧しい家を助け、嫁いでからは良妻賢母として周囲からも慕われる人でした。また彼女は二宮金次郎を崇拝していて、小学校卒業の時から一銭ずつの貯金をし、二十年かけてお金を貯めて、二宮金次郎像を小学校に寄贈した、といいます。

こうして三人の行いを確認すると、善行ではありますが、純然たる親孝行という感じはしません。どちらかといえば節婦の範疇でしょうか。つまり、緑綬褒章が孝行者に与えられるというのは、ほぼ戦前で途絶えたと言って良いでしょう。

さらに先にも述べた通り、昭和三十年（一九五五）に黄綬褒章が新設されてからは、実業家や技術者も、そちらへ流れてしまいました。これにより、緑綬褒章を受章する人自体が全くいなくなってしまったのです。

3　孝行者表彰の復活

昭和五十年代に見え始めた動き

このように緑綬褒章は滞ったのですが、じつは終戦から約三十年後の昭和五十年（一九七五）前後に、親孝行を推進しようという運動が地方自治体で同時多発的に生まれました。昭和四十五年（一九七〇）、大分県大分市は「孝養賞」を設立しました。昭和四十九年（一九七四）四月には、神奈川県厚木市が「親孝行都市宣言」をし、くわえて「厚木市孝養表彰」という制度も設けました。昭和五十二年度（一九七七年度）には茨城県東茨城郡小川町《ひがしいばらきぐんおがわまち》（現・小美玉市《おみたまし》）が「孝子褒賞」という条例を作って孝行者の表彰を始めました。埼玉県大里郡岡部町《おおさとぐんおかべまち》（現・深谷市《ふかやし》）は昭和五十一年（一九七六）七月に「親孝行のまち宣言」を決議していましたが、昭和五十五年（一九八〇）になって「孝養賞」という表彰を始めました。

緑綬褒章の受章者も絶えて久しいこの時期に、なぜ地方自治体で同時多発的な動きが起こったのでしょうか。親孝行を推し進めた市町村の資料を読んで行くと、その根底にあるのが、「経済成長への反省」であったことが分かります。たとえば鹿児島県曽於郡有明町《そおぐんありあけちょう》（現・志布志市《しぶしし》）は昭和五十四年五月に「親孝行の町」宣言を行いました。そのさい町長が次のように挨拶しています。

信頼を失いかけている政治、高度経済成長の中でゆがめられつつある現代社会に私は心の糧が一番大事なことではないかと考え、親孝行の町を宣言した。この有明町が日本人の心をとりもどす起点となって、有明町の名の如く心豊かな物心両面の発展をとげていくことを強く期待し、長い目で根強く親孝行運動を続けたい。

ご存じの通り、日本は一九五〇年代から六〇年代にかけて経済成長を遂げ、昭和四十三年(一九六八年)には、世界第二位の経済大国となるに至りました。その陰では公害病や、家族の支えを失った高齢者が増えるなど、負の側面もありましたが、そうした問題には目をつぶってでも、駆け上がって行くことを選んだ時代だと言えるでしょう。

その急激な成長は、昭和四十八年(一九七三)の石油ショックを経て、翌年には戦後初のマイナス成長を記録して終わりますが、その頃からは、負の側面と向き合って行こうという動きも始まりました。昭和四十六年(一九七一)に環境庁が発足、翌四十七年に厚生省は七十歳以上の医療費を無料としました。経済発展に奔走する足を止めて、足下を見直そうという気運が、国全体に満ちていたと言えるでしょう。

同時に家庭・地域のぬくもりを見直そうという気運も高まりました。昭和四十六年千葉県鎌ヶ谷市の「明るい家庭都市宣言」、同年福井県福井市の「青少年を守る都市宣言」、昭和四十七年奈良県奈良市と岩手県釜石市の「福祉都市宣言」などは、こうした気運を裏付けています。つまり各市町村で同時多発的に起こった親孝行宣言、親孝行表彰は、経済成長で忘れられつつ有った家庭の見直し、という大きなうねりの中で生まれたものでした。当時においては、先鋭的ではあったかもしれませんが、必ずしも突飛な試みではなかったのです。

これにもう一つ加えるならば、戦後三十年経って、親孝行から軍国主義のイメージが薄れたということも、受け入れられ易い土壌を醸成したと言えるでしょう。

孝行者は子供なのか

では、こうした市町村での孝行者表彰においては、具体例にどのような人たちが表彰されたのでしょうか。確認してみると、かならずしも一様ではない、ということが分かります。

大分市、厚木市、岡部町の人選は、端的に言えば「介護表彰」でした。

大分市の「孝養賞」の場合、創設当初は、「市内に住み、六十五歳以上のお年寄がいる家庭で、そのお年寄をいたわり、親子なかよく明るい家庭を築くことに努めその行為が地域住民に深い感銘を与え敬愛されている方」というものでした（「大分市報」第五七五号）。現在はこれに介護の要素が加わり、この要介護度なら何年以上、と、具体的に定められています。

厚木市の「孝養表彰条例」第三条は、対象者を次のように規定しました。

一項…家族で寝たきりの高齢者を五年以上看護している方

二項…ねたきりの高齢者を家族以外の方で五年以上看護している方

昭和四十九年九月の「広報あつぎ」（二三一号）には、第一回の受賞者二十四名の名前と顔写真が、翌年の広報にも十七名の名前と顔写真が掲載されています。その中に子供は一名もおらず、ほぼ全員が四十代以上の方々です。さらに言えば、第一回と第二回とを合わせた四十一名のうち、四十名が女性。男性はたった一名しかいませんでした。

岡部町の第一回「孝養賞」（昭和五十四年）は、二十八名が受賞しました。さいわいこの年の広報は受賞者の年齢を記していますので、それを整理してみると、最も若いのは十四歳の男子です。これに続き、二十代が一名、三十代が三名、四十代が七名、五十代が十二名、六十代が四名です。ボリュームゾーンは四十代・五十代だということが分かります。

介護をした人物を積極的に表彰した自治体では、結果として、四十代以上の女性が受賞者の多くを占めることになりました。介護は嫁の仕事、という現実が反映されています。

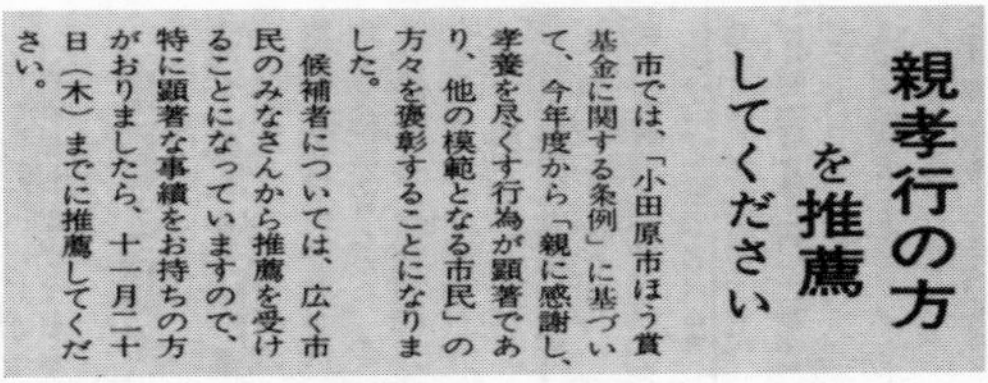

親孝行の方を推薦してください

市では、「小田原市ほう賞基金に関する条例」に基づいて、今年度から「親に感謝し、孝養を尽くす行為が顕著であり、他の模範となる市民」の方々を褒彰することになりました。

候補者については、広く市民のみなさんから推薦を受けることになっていますので、特に顕著な事績をお持ちの方がおりましたら、十一月二十日（木）までに推薦してください。

小田原市の孝子推薦募集記事。比較的若い人を対象とした（「広報おだわら」第446号）。

これに対して小川町と小田原市の表彰は、比較的若い人々を対象としました。

小川町は対象年齢を、「十五歳から三十五歳まで」と、若い人に限定し、表彰は毎年一名～二名に絞りました。受賞者が行った孝行の内容についても確認しましょう。たとえば昭和五十五年度には二十歳の男性が受賞しています。彼の孝行に関する広報の説明を、個人名を伏せて引用すると、次の通りです。

○○くんは、年少にして父親を亡くし、新聞配達をするなどして高校を卒業。現在は自動車関係の会社に勤務するかたわら、休日には、母親、○○さんの教えを素直に守り、農作業に精を出すなど、その行ないと真面目な性格は、近所はもとより職場でも評判の好青年です。

あたかも江戸時代の孝子伝を読んでいるかのようです。

小田原市は、従来からある褒賞制度に、昭和六十一年度（一九八六）から「孝養賞」が新設されました。「親に感謝し、孝養を尽くす行為が顕著であり、他の模範となる市民」を募集して、初年度は中学生一人と小学生一人が受賞しました。

ちなみに現在の台湾はどうでしょうか。先述の民国一〇八年（西暦二〇一九年）に表彰された三十名の内訳は、男性十一名、女性十九名。十代が九名、三十代が五名、四十代が二名、五十代が六名、六十代が五名、七十代が二名、そして最高齢が八十歳（！）です。若年の孝子と介護者との両方を表彰しています。

4　消えゆく孝行者表彰

孝行者は結婚できない？

ところが、このような地方自治体独自の孝行者表彰に対し、異議が唱えられるという出来事がありました。平成四年（一九九二）八月二十三日付の朝日新聞朝刊に、「「親孝行」表彰「若者を励ます」「余計なお世話」」という記事が掲載されました。いま触れた、茨城県小川町の孝行者表彰制度を問題としたのです。新聞のリード文を引用してみましょう。

親孝行の若者を選び出してほめたたえる「孝子ほう賞」を茨城県東茨城郡小川町が続けているが、母子家庭などで家計的に苦しいことなどが推薦条件になりがちなため、町民から「プライバシー上問題では」との声が出てきた。地元住民団体も「制度そのものが前近代的」と見直しを申し入れ、町は今年度から廃止する方向で検討を始めた。

続けて記事は、「受賞者周辺からは「欠損家庭と言われた」「そっとしておいてほしかった」「縁談の際、受賞が逆に響いた」との声が町に寄せられるようになった」と書いています。また地元の町政を監視する団体は、「孝行者を行政が表彰すること自体、儒教思想を民衆の支配統治に利用した前近代的なやり方」「選ぶ基準もあいまい」などとして、廃止を求めている、というのです。

この記事が興味深いのは、孝に対する「身分制度の固定化」「帝国主義の温床」というような従来の批判に加えて、「プライバシー」という、新たな論点が提示されたことです。中国の古代から日本の昭和まで、孝行者を表彰する際には、世に広く示すことが当たり前でした。それが平成に至って、プライバシーのために知らせないで欲しい、と言われるようになったのですから、大きな変わりようです。こんな時代が来るなどとは、孔子も孟子も、奈良時代の天皇も徳川綱吉も想像だにしなかったでしょう。

表彰が廃止されるとき

さて、新聞記事で問題にされた小川町は、この後どのような対応をとったのでしょうか。新聞記事には、「廃止する方向で検討を始めた」と記されていました。しかし実際には、孝子褒章はこのタイミングでは廃止されませんでした。これ以後も毎年のように若い孝行者が一人ずつ表彰されたのです。

小川町の表彰が廃止されたのは、新聞記事から十四年後の、平成十八年（二〇〇六）三月でした。この時に何が起こったのか。それは市町村合併による町の消滅でした。小川町は美《み》野《の》里《り》町、玉《た》里《まり》村と合併して小美玉市となったのです。じつは、埼玉県岡部町の孝行者表彰も、同じようにして終わりました。当地での表彰は二十五年以上続きましたが、平成十八年一月、合併して深谷市になったのを区切りとして終わりました。

合併が引き金となった理由はよく分かります。いくつかの市町村が合併する際には、必ずそれぞれの自治体で行っていた行事を引き継ぐかどうか、という協議がなされます。そのさい、「孝行者の表彰」という、現代において異色な行事は、他の自治体の賛同を得られずに廃止へと追いやられた、という訳です。

平成の大合併は、当時三千二百ほど在った市町村を、一千程度に再編しようとする政策でした。当時は多くの伝統的な「地名」が失われることを惜しむ声が多かったのを覚えています。実はそれのみならず、孝行者表彰のような特色ある制度にピリオドを打つという副作用も有していたのです。

ちなみに厚木市では、市長の交代が終焉のきっかけになりました。昭和四十九年（一九七四）に親孝行都市宣言を発し、市の教育委員会に徳育課を作ったのは、石井重忠市長でした。その五年後の昭和五十四年（一九七九）二月に彼が退任すると、後任の足立原茂徳市長はさっそく徳育課を廃止してしまいました。これをきっかけに孝養表彰も行われなくなりました。市長肝いりの徳育政策は、わずか五年ほどで消滅してしまったのです。今も街道沿いには「親孝行宣言都市」の看板が立っていますが、もはや名ばかりとなってしまいました。

厚木市の市境にある「親孝行宣言都市」の掲示。

市町村合併をくぐり抜けた訳

市町村合併を経験しなかった市町村の中には、いまだ表彰をしているところもあります。大分市は昭和四十五年以来「孝養賞」を継続しています。変化といえば、市の広報誌に受賞者の名前やプロフィールが掲載されなくなったことくらいでしょうか。

小田原市もそうです、平成二十年度（二〇〇八年度）からは該当者なしが続いたこと、加えて「創設当時と社会の在り方が変化してきたこと」（小田原市HP）などから、平成二十九年（二〇一七）に自主的に見直しを始めました。ただ、結局廃止されることはなく、もともとあった善行少年表彰、善行青年表彰と統合して「小田原市青少年善行賞」として再出発することに落ち着きました。

こうした中、市町村合併を経たにもかかわらず、今まで続いている自治体を一箇所だけ確認しています。山口県周南《しゅうなん》市です。

江戸時代後期、徳山城下に阿米《およね》さんという孝女がいました。病の父を助け、よく働きました。よく知られているのは、米搗《こめつ》きの逸話です。足ふみ式の臼を使っていましたが、子供では体が軽すぎて、うまく搗けません。そこで腰に石をくくりつけ、体を重くして仕事をし、父親を養ったというのです。文化四年（一八〇七）年、八代藩主毛利広鎮《ひろしげ》が彼女に米一俵を与えて以来、没するまで代々の藩主から表彰されました。菩提寺の徳応寺は歌人・与謝野鉄《てっ》幹《かん》の兄・赤松照幢《しょうどう》が住職を務めていた縁もあり、明治二十五年（一八九二）五月には、鉄幹が彼女の伝記を著しました（『孝女阿米』）。

その徳を慕って作られた孝女阿米顕彰会が、「阿米孝養賞」という賞を設けて表彰を行っています。昭和三十一年（一九五六）から始まり、平成二十七年（二〇一五）三月で六十周年を迎えました。孝行者の選定は、教育委員会を通じてなされています。まず顕彰会が、教育委員会に孝行者の推薦を依頼します。その呼びかけに応じて市内の小中高校等から孝行者が推薦されるのです（近年は地域自治会からも推薦あり）。このような推薦の仕組みもあり、孝行者は未成年に限られています。

六十年以上続くこの孝行者表彰も、近年は困難に直面しているとのことです。最も大きな問題は、推薦数の減少です。以前は表彰する子供の数を抑えるために、表彰の対象を小中高校の卒業年次の子供に限っていたそうです。そうした枠を撤廃し、自治会からの推薦も可とするなど、門戸を広げる措置を講じてきましたが、推薦される子供の数の減少に歯止めがかからないのだそうです。大きな理由は、ここでも個人情報の保護だとのことです。平成十七年（二〇〇五）四月に個人情報保護法が全面施行されて以降は、とくに推薦者の役割を担っている学校の先生方が、こうした問題を気にして推薦を控えてしまうようだ、とのことです。また事務局を長らく菩提寺の徳応寺が務めていることから、「宗教行事に学校として協力できない」と言われることもあるそうです。

それでも、各地の孝行者表彰制度が消えてゆく中、この表彰は今も続いています。市町村合併が孝行者表彰を潰して来たことは先に触れた通りですが、この表彰は市町村合併を乗り切ったのです。徳山市はいわゆる平成の大合併で、新南陽市、熊毛《くまげ》町、鹿野《かの》町と合併して周南市となりました。じつは旧徳山市では阿米孝養賞とは別に「善行表彰」というものを行っていたのですが、こちらは合併を機に廃止されてしまいました。

阿米孝養賞が存続しえているのは、なぜでしょうか。じつはこの表彰には、他の自治体と比較して大きな違いがあります。それは、阿米の菩提寺が事務局を務めており、市から独立していることです。これによって、市議会の一存によって廃止されることを避けられました。とはいえ市から全く独立しているという訳でもありません。顕彰会の会長は、代々の市長が務めています。そして先に述べた通り、孝行者を見つけ出し、推薦するという仕組みも、教育委員会が協力しています。

つまり、熱意ある顕彰会と、それに賛同して協力する市長・教育委員会という、幸せな半官半民の関係が築かれているのです。これが今なお続いている大きな理由だと考えます。

孝女・阿米。彼女にちなんだ孝子表彰は、市町村合併を潜り抜けて存続している。

5　親孝行作文の時代

二つの新展開

じつは近年、戦後途絶えていた緑綬褒章が復活しました。ただ、そのままの形で復活した訳ではありません。平成十四年（二〇〇二）の政府による栄典制度改革で、緑綬褒章は、「従来運用されていない緑綬褒章をボランティア活動などで顕著な実績のある個人等に授与する」と対象者が変更されました。そして平成十五年（二〇〇三）秋の叙勲では、二十九名と五団体が緑綬褒章を授与されました。これ以後、緑綬褒章は毎年表彰されています。緑綬褒章は、「孝」という身内への善行から「ボランティア」という公共への善行へ、と装いを変えて復活したわけです。

もう一つ、新たな孝行者表彰の方法が盛んになって来ています。それは、作文を介したものです。

平成十年（一九九八）から石川県の教育委員会は「親子の架け橋一筆啓上『親子の手紙』」というコンクールを始めました。応募は小中学生とその父母（祖父母などの家族を含む）。ペアでの投稿というところがこの企画の面白いところで、子供から大人への一〇〇文字以内の手紙と、大人から子供への一〇〇文字以内の手紙とをセットで投稿することになっているのです。応募用紙には、それぞれが記入するマス目に加えて、親子のどちらが先に書いたかを記入する項目があり、応答の形で一つの作品になっています。ちなみにこの親子セットの形式は、平成二十二年（二〇一〇）から始まった葛飾区「親子の手紙コンクール」にも採用されています。

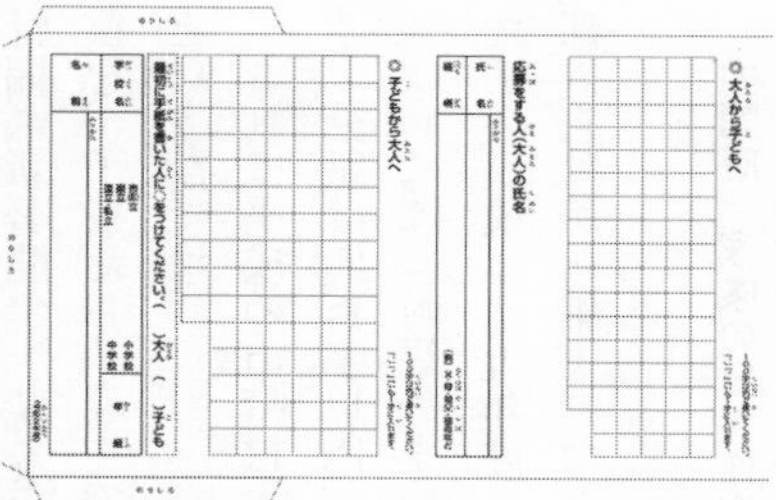

石川県「親子の手紙」コンクール応募用紙。
親と子の作文をセットで提出する。

初年度の投稿は五百九十五通にとどまりましたが、そこから右肩上がりに増えて、平成二十九年（二〇一七）には三万点に近い応募が寄せられました。応募者の居住地についてとくに決まりはありませんが、優秀作品集に県外者の投稿が見えないことから、ほとんどが石川県内からの投稿と思われます。平成三十年度の集計で石川県内の小学生数は五万九六一〇人と言いますから、驚くべき投稿数と言って良いでしょう。少なからぬ数の小学校で、授業の一環として推進されていることが想像されます。

その翌年、平成十一年度（一九九九）には長野県上《かみ》伊那《いな》郡長谷《はせ》村（現・伊那市）が「親孝行の賛歌」コンクールを始めました。長谷村には「孝行猿」の逸話があります。神谷養勇軒編『新著聞集』（寛延二年〈一七四九〉刊）に採録された逸話で、猟師が撃って持ち帰った猿を、子猿たちが家まで追ってきて介抱した。それを見た猟師が無常を観じて僧となった、という話です。

これは平成の市町村大合併を乗り越えて伊那市に引き継がれ、現在は隔年で行われています。分量は四百字以内。形式は手紙・作文等自由とされていますが、優秀作を集めたパンフレットには「両親にまつわる思い出の手紙」の副題がある通り、手紙形式の作品が多いようです。平成二十九年度（二〇一七年度）には、約一千五百件の応募がありました。投稿は全都道府県から集まったとのことです。

内閣府「家族の日」作文が描くもの

ところで皆さん、毎年十一月の第三日曜日が「家族の日」だということはご存じでしょうか。これは内閣府が平成十九年（二〇〇七）に制定したものです。くわえて、家族の日をはさむ二週間が「家族の週間」とされています。そして平成二十二年（二〇一〇）からは、その具体的な活動の一つとして「家族や地域の大切さに関する作品コンクール」が開催されるようになりました。写真あるいは手紙・メールを募集しており、長さについての規定は特にありません。

このコンクールが興味深いのは、少子化対策の一環として始められたということです。そもそも「家族の日」自体が、少子化社会対策会議による決定「新しい少子化対策について」(平成十八年〈二〇〇六〉六月)の中で、「家族・地域の絆を再生する国民運動」の一つとして提言されたものでした。これに基づいて、平成二十二年(二〇一〇)一月の閣議決定「子ども・子育てビジョン」において、「子どもの育ちを支え、若者が安心して成長できる社会」を目指し、家族や地域の大切さ等についての理解の促進を図ることが決定されました。この中に、「家族の日」における啓発、表彰についての提案があり、その具体的な取り組みとして生まれたものなのです。

では、その「家族や地域の大切さに関する作品コンクール」の内容について見てみましょう。募集要項には、「子育てを家族で支え合うことの大切さ、家族への感謝などの思いを伝える内容のもの」「子育てを地域や社会が見守り応援する様子やその大切さを訴える内容のもの」と記されています。少子化対策らしく、子育てを母親一人の重荷とせず、家族・社会で協力して取り組むという理想が掲げられています。しかしながら、その文面の中に、「感謝などの思いを伝える内容のもの」と、旧来の観念と通じる要素も忍ばせているところは見逃せません。

実際、具体的なコンクールの枠組みは、より親孝行に親和性の高いものです。作文は小学生の部、中学生・高校生の部、一般の部と三つに分かれています。三分の二が子供世代だという訳です。必然的に、書かれる文章は親や祖父母に対する尊敬の念を表すものが一定の割合を占めます。たとえば令和元年（二〇一九）、作文（小学生の部）の優秀賞を受賞した、小学四年生の女子による「がんばるお父さん」を取り上げてみましょう。

令和元年度
家族や地域の大切さに関する
作品コンクール
写真&手紙・メール 作品集
11月17日(日)は
「家族の日」
11月10日(日)～23日(土)は
「家族の週間」
内閣府「家族の日」「家族の週間」ホームページ
内閣府
内閣府による「家族の日」作文コンクールの案内。少子化対策の一環として企画された。

> 町内会、子ども会、仕事と忙しいお父さん、最近は家ではいつもソファーで寝ている。私はもっとお父さんといっしょにいたいので、「お仕事以外はしないでほしいな」と思う。でも、お父さんと歩いている時に、すれ違う近所の人から「いつもありがとう」と言われるのを見て、すごいと思う。お父さんはみんなから頼りにされていて、この町のために、そして私たちのためにもがんばってくれている。そんなお父さんはかっこいい。私も大きくなったらお父さんのように、みんなの役に立ちたい、

という作文です。

もちろん、町内会、子供会活動を通じて、お父さんが「子育てを地域も社会も応援していく」ことに一役買っているのは事実です。しかしながら、家ではソファーで寝ているばかり

のお父さんの姿は、「子育てを家族で支え合う」ものとは言いがたいでしょう。ある選考委員の講評は次のようなものでした。

父親に対する尊敬が説得力を持って描かれている。子供の健やかな成長を願うのであれば、親が子供の模範となるべきであることを教えてくれる作品である。

しかし筆者には、自分の子供より町内会活動や子供会活動を優先させているお父さんが、子供の模範であるとは思えません。ましてそれは、遊んでほしい気持ちを我慢する子供の忍耐によって支えられているのです。さらに言えば、我慢しているのは子供だけではないはずです。お父さんが仕事、子供会活動、町内会活動に奔走する間、ずっと子供の面倒を見て、家事をしているお母さんの姿も透けて見えます。ここで描かれているのは、外で働くお父さんと、家で支える家族、という、旧態依然とした姿でしかありません。

これは、少子化対策という目的と作文コンクールという方法とのミスマッチから、思わぬ方向へ転がって行ってしまったものでしょうか。それとも、いまだ根強い伝統的な家族制度への秘めた憧れを、選考委員が代弁してしまったものでしょうか。いずれにせよ、「家族や地域の大切さに関する作品コンクール」は、少子化対策の一環でありながら、はからずも旧態依然とした家族観を賛美する結果になってしまいました。

人物から作文へ

目的も方法もさまざまですが、親孝行作文は生き残り、今も生まれています。消えゆく親孝行表彰と対照的なこの隆盛は、偶然ではないでしょう。作文は、孝子表彰の時代に合わなくなった部分を補う、さまざまなメリットを有するのです。

まず第一に、個人情報の問題をクリアすることができます。推薦ではなく執筆者自身が投稿するため、受賞者の名前を秘匿する必要がありません。第二に、人ではなく作文を表彰することによって、地域を超える広がりを持つことができます。かねてからの懸賞ブームも相まって、その宣伝効果は計り知れないものがあります。第三に、孝行猿伝説を発端とする伊那市以外では、「孝」ではなく「親子」を強調していることも有効です。なにかと批判を受けやすい孝を明記しないことで、多様な価値観に対応することができます。そして第四に、人物や善行そのものではなく作文の評価であるということによって、焦点をぼかし、批判を避けることができるのです。

孝道徳への忌避感と家族の絆への希求とが綱引きしているこの時代にあって、作文は双方を納得させる便利な方法として、しばらくは続いてゆきそうです。

おわりに

以上、古代から現代までの親孝行の在り方について、さまざまな面から探って来ました。親孝行という行為は、親と子という最も基本的な人間関係の間で行われる、閉ざされた、パーソナルな行為です。しかしながら、日本における孝は、まるで竜巻のように外部を巻き込んでゆきました。孝行者に感心する人、孝行を庶民へ勧める人、表彰する支配者、孝行者の石碑を建てる人、伝記を書き、出版する人、孝行者の許を訪ねる人、真似して自分でも孝行をする人、さらには批判する人……。孝行は、多くの人を引きつけたのです。

内向きでありながら外部に波及してゆく。この一見矛盾する現象を成り立たせているのは、さまざまな力学でした。ある時は、徳をもって領民を治めよう、この土地が自分の領地だということを主張しよう、という政治の力学でした。ある時は、文章にして他藩にも広めよう、孝子の篤実さを一つのエピソードをもって説得しよう、という文学の問題でした。またある時は、中国に孝子がいるなら日本にもいるに違いない、という対外意識とナショナリズムの問題であり、さらには、孝子の生まれることがその土地の政治の良い証だという地方顕彰の力学でもありました。

このような力の根本にあるのは、孝という道徳そのものが本来有しているエネルギーでしょう。親や家族を大切にする、という道徳はシンプルかつ全員に関係のあるものです。また、そこに様々な困難が伴うことも、それぞれが実感していることでしょう。だから孝は、人々に理解されやすく、共感されやすい徳目でした。一方で、それだからこそ、利用されやすい側面を持っていた、とも言えるでしょう。日本史上を見渡しても、これほど長く広く受け入れられた道徳は、他には見出しがたいのではないでしょうか。

もちろん歴史を振り返れば、孝が重んじられた時代もあれば、軽んじられた時代もありました。今はその美点よりも、問題点を指摘されることの方が多いようです。しかし、近年作文という新たな形を見いだしたように、これからも解釈を変え、形を変えて、生き続けてゆくことは間違いないでしょう。

本書のもととなったのは、二〇一三年四月~六月にNHKラジオ第二で放送した教養番組『落語・講談に見る〈親孝行〉』のガイドブック(NHK出版刊)です。本書の文体がです・ます体で書かれているのは、じつはその名残です。これに、その後刊行した著書『孝子を訪ねる旅』（二〇一五年、三弥井書店）と『親孝行の江戸文化』（二〇一七年、笠間書院）のエッセンスを加え、さらに、中世以前、近現代を中心として、新たな知見を盛り込みました。

最初にお声かけいただいてから、約八年もの時が経ってしまいました。その間引き継いでご担当下さり、温かく見守って下さった編集部の吉田大作氏、藤吉亮平氏、吉田亮子氏、きめ細かい確認・提案をして下さった校閲各氏に感謝申し上げます。

最後に私事で恐縮ですが、本書再校校正中に、母が急逝しました。生前は甘えてばかりで十分な親孝行もできませんでしたが、せめて本書を墓前に捧げたいと思います。

二〇二一年一〇月

勝又　基

参考文献（配列はおおむね本文の叙述順）

はじめに

田中善信注釈『全釈芭蕉書翰集』（平成十七年十一月　新典社）
『当麻町史　続編』（昭和五十一年四月　当麻町教育委員会）
松田清『海北友竹画・北向雲竹賛　孝女伊麻肖像画について――孝女伊麻年譜稿――』（平成三十年二月　松田清）

第一章

澤柳政太郎『孝道』（明治四十三年十一月　冨山房）
栗原圭介『新釈漢文大系三十五　孝経』（昭和六十一年六月　明治書院）
加地伸行『儒教とは何か』（平成二年十月　中公新書）
加地伸行『孝経』（平成十九年六月　講談社学術文庫）
松野敏之「朱熹における孝と諫め」（「国士舘人文学」五十二号　令和二年三月　国士舘大学文学部人文学会）
堀勇雄『林羅山』（昭和三十九年六月　吉川弘文館）
揖斐高『江戸幕府と儒学者　林羅山・鵞峰・鳳岡三代の闘い』（平成二十六年六月　中公新書）
久世光彦『みんな夢の中』（平成九年十一月　文藝春秋）
田中徳定『孝思想の受容と古代中世文学』（平成十九年二月　新典社）
日本思想大系『律令』（昭和五十一年十二月　岩波書店）

神戸航介「律令租税免除制度の研究」（『国立歴史民俗博物館研究報告』二一二〈平成三十年十二月、国立歴史民俗博物館〉）
渡部育子『元明天皇・元正天皇――まさに今、都邑を建つべし』（平成二十二年三月　ミネルヴァ書房）
宇野瑞木『孝の風景――説話表象文化論序説』（平成二十八年二月　勉誠出版）
德田進『孝子説話集の研究　中世篇』（昭和三十八年三月　井上書房）

第二章

若林淳之『吉原市史』上巻（昭和四十七年三月　富士市）
若林淳之『地方史研究の諸問題』（平成九年六月　私家版）
富士市立中央図書館編『孝子五郎右衛門――表彰と中村家文書の解説』（平成十二年一月　富士市立中央図書館）
松沢智里編『信長記　甫庵本』上下（昭和四十七年三月　古典文庫）
妻鹿淳子『近世の家族と女性――善事褒賞の研究』（平成二十年四月　清文堂出版）
片岡醇徳著、島田清校訂、山崎郷土研究会編『播州宍粟郡守令交代記』（平成六年四月序刊　山崎郷土研究会）
中村彰彦『保科正之――徳川将軍家を支えた会津藩主』（平成七年一月　中公新書）
福島県立図書館叢書第七輯『藤田祐詮撰　会津孝子伝』（昭和十二年三月　福島県立図書館）
鈴木暎一『徳川光圀』（平成十八年十一月　吉川弘文館）
塚本学『徳川綱吉』（平成十年二月　吉川弘文館）
福田千鶴『徳川綱吉――犬を愛護した江戸幕府五代将軍』（平成二十二年七月　山川出版社）
瀧口雪雄『孝子武丸正助伝拾遺』（昭和六十二年九月　孝子武丸正助翁遺徳顕彰会）
吉崎久編『山内文庫　谷秦山・垣守・眞潮関係書目録』（平成二十年三月　皇學館大学神道研究所）

湯浅邦弘編著『懐徳堂事典』（平成十三年十二月　大阪大学出版会）
図録『龍野と懐徳堂――学問交流と藩政』（平成十二年三月　龍野市立歴史文化資料館）
福井辰彦「奈良古梅園と懐徳堂」（「上智大学国文学科紀要」三〇　平成二十五年三月　上智大学文学部国文学科）
福井県立若狭歴史民俗資料館編『若狭小浜藩――大老酒井忠勝とその家臣団』（平成二十一年十月　福井県立若狭歴史民俗資料館）
菅野則子校訂『官刻孝義録』上中下（平成十一年四月　東京堂出版）
『大田南畝全集』第十七・第十八巻（昭和六十三年四月・十一月　岩波書店）
山本武夫「徳川幕府の修史・編纂事業　十――孝義録と続孝義録料」（「新訂増補国史大系月報」四十四〈昭和四十一年四月　吉川弘文館〉）
菅野則子編『続編孝義録料』（平成二十九年九月　汲古書院）

第三章

中野三敏「江戸文化再考――そして近代の成熟」（講演録。「成城国文学」二十四〈平成二十年三月　成城国文学会〉所収）
〈CD〉『NHK落語名人選　五　三代目三遊亭金馬　孝行糖／藪入り』（平成二年五月　ポリドール）
東大落語会編『増補落語事典』（平成六年九月　青蛙房）
延広真治編『落語の鑑賞201』（平成十四年九月　新書館）
ニールス・ファンステーンパール『〈孝子〉という表象――近世日本道徳文化史の試み』（平成二十九年七月　ぺりかん社）

第四章

〈CD〉『NHK落語名人選　八十五　三代目三遊亭金馬　二十四孝／釣堀にて』（平成八年十二月　ポリドール）
暉峻康隆ほか編『口演速記　明治大正落語集成』第二巻（昭和五十五年四月　講談社）
中村幸彦校注『日本思想大系59　近世町人思想』（昭和五十年十一月　岩波書店）
豊後国の二孝女研究会編『豊後国の二孝女』（平成十八年三月　豊後国の二孝女研究会）
橋本留美『実話　病父を尋ねて三百里――豊後国の二孝女物語』（平成二十二年九月　新日本文芸協会）

第五章
吉澤英明編著『講談作品事典』上中下、続編（平成二十年十月　講談作品事典刊行会）
山口梧郎『孝子二千六百年史』（昭和十五年十一月　天泉社）
阿部聖夫『今越清三朗翁伝――乃木将軍と辻占売りの少年』（昭和五十三年九月　中央乃木会）
佐野大介「近代孝子伝の一形態――伊藤博文・乃木希典の孝子伝」（「中国研究集刊」五十四号　平成二十四年六月　大阪大学中国学会）
『日本教科書大系』近代編　修身（一）～（三）（昭和三十七年一月～三十九年四月　講談社）
中村紀久二『復刻　国定修身教科書』解説（平成二年六月　大空社）
『文献資料集成　日本道徳教育論争史』第一期3「国定修身教科書の成立（第一期・第二期）と修身教育」（平成二十四年六月　日本図書センター）
音馬實藏『嗚呼孝子　元政上人』（昭和二十年六月　平楽寺書店）
植木雅俊『江戸の大詩人　元政上人』（平成三十年十二月　中央公論新社）

第六章
大原敏行『明治長編詩歌　孝女白菊』（平成二十七年十二月　創英社／三省堂書店）

尾形仂『森鷗外の歴史小説――史料と方法』（昭和五十四年十二月　筑摩書房）
平出鏗二郎『敵討』（明治四十二年八月　文昌閣）
千葉亀雄『新版　日本仇討』（昭和六年二月　天人社）
稲垣史生『日本仇討一〇〇選』（昭和五十一年二月　秋田書店）
『山東京傳全集』第一～五巻（平成四年十月～二十一年七月　ぺりかん社）
小二田誠二「仇討小説試論」（「日本文学」三十八巻八号〈平成元年八月　日本文学協会〉）
『大田南畝全集』全二十巻（平成十二年二月　岩波書店）
井出孫六『明治民衆史を歩く』（昭和五十五年六月　新人物往来社）
『近代庶民生活誌』第十六巻（平成三年六月　三一書房）
小泉浩一郎「森鷗外「最後の一句」論――その〈最後の一句〉をめぐり」（「森鷗外研究」1〈昭和六十二年五月　和泉書院〉）
木村小夜『太宰治翻案作品論』（平成十三年二月　和泉書院）

第七章

内閣記録局編『法規分類大全』第二十巻　賞恤門〔1〕（明治二十五年刊。昭和五十四年五月　原書房覆刻本による）
吉野作造編『明治文化全集　第一巻　皇室篇』（昭和三年十一月　日本評論社）
松尾正人『維新政権』（平成七年九月　吉川弘文館）
北崎豊二『幕末維新の大阪』（昭和五十九年六月　松籟社）
『大阪府史』第七巻第八章第五節3「鳥羽伏見の戦いと大坂落城」（布施啓一執筆）、同第六節1「大阪府の誕生と新体制」（武知京三執筆）（平成元年三月　大阪府）
西川誠『明治天皇の大日本帝国』（平成二十三年七月　講談社）

乙部泉三郎編纂『信濃御巡幸録』（昭和八年三月　信濃御巡幸録刊行会）

栃木県立博物館編『明治天皇と御巡幸――栃木県立博物館第六〇回企画展図録』（平成九年七月　栃木県立博物館）

打越孝明『絵画と聖蹟でたどる　明治天皇のご生涯』（平成二十四年七月　新人物往来社）

長谷川栄子『明治六大巡幸――地方の布達と人々の対応』（平成二十四年六月　熊本出版文化会館）

『太政官期地方巡幸史料集成』第六巻（平成九年四月　柏書房）

岩壁義光・広瀬順晧編著『太政官期地方巡幸研究便覧』（平成十三年九月　柏書房）

西谷成憲「『明治孝節録』に関する研究――明治初期孝子節婦等褒賞との関連において」（「多摩美術大学研究紀要」十一〈平成八年三月　多摩美術大学〉）

岸本覚著、鳥取県立公文書館県史編さん室編『褒められた人びと――表彰・栄典からみた鳥取』（平成二十五年一月　鳥取県）

総理府賞勲局編『紅・緑・藍綬褒章名鑑』（昭和五十五年三月　総理府賞勲局）

小熊英二『〈日本人〉の境界――沖縄・アイヌ・台湾・朝鮮 植民地支配から復帰運動まで』（平成十年七月　新曜社）

森下恭光・佐々井利夫編『新版　道徳教育の研究』（平成二十三年一月　明星大学出版部）

『学制百年史』（昭和四十七年十月　文部省）

土屋忠雄『明治十年代の教育政策』（昭和三十一年三月　野間教育研究所）

山住正己『教育勅語』（昭和五十五年三月　朝日新聞社）

唐澤富太郎『図説　明治百年の児童史』上下（昭和四十三年九月　講談社）

所功『日本の祝祭日――日の丸・門松・鯉のぼり……そのルーツと歴史を探る』（昭和六十一年三月　PHP研究所）

勝部真長・渋川久子『道徳教育の歴史――修身科から「道徳」へ』（昭和五十九年四月　玉川大学出版部）

井上哲次郎『釈明教育勅語衍義』（昭和十七年十月　広文堂書店）
橋川文三・鹿野政直・平野敏夫編『近代日本思想史の基礎知識――維新前夜から敗戦まで』（昭和四十六年七月　有斐閣）
伊藤幹治『家族国家観の人類学』（昭和五十七年六月　ミネルヴァ書房）
田嶋一『〈少年〉と〈青年〉の近代日本――人間形成と教育の社会史』（平成二十八年三月　東京大学出版会）

第八章

坂田仰『新教育基本法　全文と解説』（平成十九年三月　教育開発研究所）
道義再建運動本部『教育勅語にかわる新道徳問題――審議記録（第一段階・第二段階）』（昭和三十一～三十二年「道義再建」発行所）
『戦後道徳教育文献資料集』第Ⅱ期十四（平成十六年六月　日本図書センター）
『近代日本教育制度史料』第十八巻（昭和三十二年六月　大日本雄弁会講談社）
与謝野鉄幹『孝女阿米』（明治二十九年六月　防長婦人相愛会）
石川県　心の教育推進協議会ホームページ（http://www.pref.ishikawa.jp/kyoiku/syougai/kyogikai/improvement.html）
葛飾区ホームページ「家族でチャレンジ！ノーテレビ・ノーゲームデー」（http://www.city.katsushika.lg.jp/kurashi/1000057/1002477/1002675/1002725.html）
伊那市広報番組「い～なチャンネル（平成二十九年十二月二日放送分）」（https://www.inacity.jp/koho/kohoinashi/kohobangumihaishin/H29inachannel/inachannel_291202.html）
内閣府ホームページ「少子化対策」（https://www8.cao.go.jp/shoushi/shoushika/index.html）

勝又 基（かつまた・もとい）

1970年，静岡県生まれ．九州大学大学院博士後期課程修了．博士（文学）．ハーバード大学ライシャワー日本研究所客員研究員，ブランダイス大学客員教授を経て，現在明星大学教授．

著書『落語・講談に見る「親孝行」』（NHK出版）
『親孝行の江戸文化』（笠間書院）
『怪異を読む・書く』（国書刊行会，共編著）
『古典は本当に必要なのか、否定論者と議論して本気で考えてみた。』（文学通信，共編）
ほか

親孝行《おやこうこう》の日本史《にほんし》
中公新書 *2671*

2021年11月25日発行

日本音楽著作権協会（出）許諾
第2108885-101号

著　者　勝 又　基
発行者　松 田 陽 三

本文印刷　暁 印 刷
カバー印刷　大熊整美堂
製　　本　小泉製本

発行所　中央公論新社
〒100-8152
東京都千代田区大手町1-7-1
電話　販売 03-5299-1730
　　　編集 03-5299-1830
URL http://www.chuko.co.jp/

Published by CHUOKORON-SHINSHA, INC.
Printed in Japan　ISBN978-4-12-102671-2 C1221

中公新書刊行のことば

いまからちょうど五世紀まえ、グーテンベルクが近代印刷術を発明したとき、書物の大量生産は潜在的可能性を獲得し、いまからちょうど一世紀まえ、世界のおもな文明国で義務教育制度が採用されたとき、書物の大量需要の潜在性が形成された。この二つの潜在性がはげしく現実化したのが現代である。

いまや、書物によって視野を拡大し、変りゆく世界に豊かに対応しようとする強い要求を私たちは抑えることができない。この要求にこたえる義務を、今日の書物は背負っている。だが、その義務は、たんに専門的知識の通俗化をはかることによって果たされるものでもなく、通俗的好奇心にうったえて、いたずらに発行部数の巨大さを誇ることによって果たされるものでもない。現代を真摯に生きようとする読者に、真に知るに価いする知識だけを選びだして提供すること、これが中公新書の最大の目標である。

私たちは、知識として錯覚しているものによってしばしば動かされ、裏切られる。私たちは、作為によってあたえられた知識のうえに生きることがあまりに多く、ゆるぎない事実を通して思索することがあまりにすくない。中公新書が、その一貫した特色として自らに課すものは、この事実のみの持つ無条件の説得力を発揮させることである。現代にあらたな意味を投げかけるべく待機している過去の歴史的事実もまた、中公新書によって数多く発掘されるであろう。

中公新書は、現代を自らの眼で見つめようとする、逞しい知的な読者の活力となることを欲している。

一九六二年一一月

1 日本の名著（改版） 桑原武夫編
2187 物語 哲学の歴史 伊藤邦武
2378 保守主義とは何か 宇野重規
2522 リバタリアニズム 渡辺 靖
2591 白人ナショナリズム 渡辺 靖
2288 フランクフルト学派 細見和之
2300 フランス現代思想史 岡本裕一朗
2036 日本哲学小史 熊野純彦編著
832 外国人による日本論の名著 佐伯彰一・芳賀 徹編
1696 日本文化論の系譜 大久保喬樹
2097 江戸の思想史 田尻祐一郎
2276 本居宣長 田中康二
2458 折口信夫 植村和秀
2535 事大主義―日本・朝鮮・沖縄の「自虐と侮蔑」 室井康成
1989 諸子百家 湯浅邦弘
36 荘子 福永光司
1695 韓非子 冨谷 至
1120 中国思想を考える 金谷 治
2042 菜根譚 湯浅邦弘
2220 言語学の教室 西村義樹・野矢茂樹
1862 入門！論理学 野矢茂樹
448 詭弁論理学（改版） 野崎昭弘
593 逆説論理学 野崎昭弘
1939 ニーチェ―ツァラトゥストラの謎 村井則夫
2594 マックス・ウェーバー 野口雅弘
2597 カール・シュミット 蔭山 宏
2257 ハンナ・アーレント 矢野久美子
2339 ロラン・バルト 石川美子
674 時間と自己 木村 敏
1829 空間の謎・時間の謎 内井惣七
814 科学的方法とは何か 浅田彰・黒田末寿・佐和隆光・長野敬・山口昌哉
2176 動物に魂はあるのか 金森 修
2495 幸福とは何か 長谷川 宏
2505 正義とは何か 神島裕子
2203 集合知とは何か 西垣 通

宗教・倫理

2293 教養としての宗教入門　中村圭志
2459 聖書、コーラン、仏典　中村圭志
2668 宗教図象学入門　中村圭志
2158 神道とは何か　伊藤聡
1130 仏教とは何か　山折哲雄
2135 仏教、本当の教え　植木雅俊
2616 法華経とは何か　植木雅俊
2416 浄土真宗とは何か　小山聡子
2365 禅の教室　藤田一照・伊藤比呂美
134 地獄の思想　梅原猛
989 儒教とは何か（増補版）　加地伸行
1707 ヒンドゥー教―インドの聖と俗　森本達雄
2261 旧約聖書の謎　長谷川修一
2076 アメリカと宗教　堀内一史
2360 キリスト教と戦争　石川明人
2642 宗教と過激思想　藤原聖子
2453 イスラームの歴史　K・アームストロング　小林朋則訳
2639 宗教と日本人　岡本亮輔
2306 聖地巡礼　岡本亮輔
2310 山岳信仰　鈴木正崇
2499 仏像と日本人　碧海寿広
2598 倫理学入門　品川哲彦

中公新書

日本史

2189 歴史の愉しみ方 磯田道史
2455 日本史の内幕 磯田道史
2295 天災から日本史を読みなおす 磯田道史
2579 米の日本史 佐藤洋一郎
2389 通貨の日本史 高木久史
2321 道路の日本史 武部健一
2494 温泉の日本史 石川理夫
2500 日本史の論点 中公新書編集部編
1617 歴代天皇総覧（増補版） 笠原英彦
2302 日本人にとって聖なるものとは何か 上野誠
2619 もののけの日本史 小山聡子
1928 物語 京都の歴史 脇田修 脇田晴子
2345 京都の神社と祭り 本多健一
2654 日本の先史時代 藤尾慎一郎
482 倭国 岡田英弘

---

147 騎馬民族国家（改版） 江上波夫
2164 魏志倭人伝の謎を解く 渡邉義浩
1085 古代朝鮮と倭族 鳥越憲三郎
2533 古代日中関係史 河上麻由子
2470 倭の五王 河内春人
2462 大嘗祭―天皇制と日本文化の源流 工藤隆
1878 古事記の起源 工藤隆
2095 『古事記』神話の謎を解く 西條勉
804 蝦夷《えみし》 高橋崇
1041 蝦夷《えみし》の末裔 高橋崇
1622 奥州藤原氏 高橋崇
1293 壬申の乱 遠山美都男
2636 古代日本の官僚 虎尾達哉
1568 天皇誕生 遠山美都男
2371 カラー版 古代飛鳥を歩く 千田稔
2168 飛鳥の木簡―古代史の新たな解明 市大樹
2353 蘇我氏―古代豪族の興亡 倉本一宏

2464 藤原氏―権力中枢の一族 倉本一宏
2362 六国史《りっこくし》―日本書紀に始まる古代の「正史」 遠藤慶太
1502 日本書紀の謎を解く 森博達
2563 持統天皇 瀧浪貞子
2457 光明皇后 瀧浪貞子
2648 藤原仲麻呂 仁藤敦史
1967 正倉院 杉本一樹
2452 斎宮―伊勢斎王たちの生きた古代史 榎村寛之
2441 大伴家持 藤井一二
2510 公卿《くぎょう》会議―論戦する宮廷貴族たち 美川圭
2536 天皇の装束 近藤好和
2559 菅原道真 滝川幸司
2281 怨霊とは何か 山田雄司
2662 荘園 伊藤俊一
2671 親孝行の日本史 勝又基
2673 国造―大和政権と地方豪族 篠川賢

中公新書

日本史

d2

- 2127 河内源氏　元木泰雄
- 2573 公家源氏―王権を支えた名族　倉本一宏
- 2655 刀伊の入寇　関　幸彦
- 1867 院　政（増補版）　美川　圭
- 608/613 中世の風景（上下）　阿部謹也・網野善彦・石井　進・樺山紘一
- 1503 古文書返却の旅　網野善彦
- 1392 中世都市鎌倉を歩く　松尾剛次
- 2336 源頼政と木曽義仲　永井　晋
- 2526 源　頼朝　元木泰雄
- 2517 承久の乱　坂井孝一
- 2461 蒙古襲来と神風　服部英雄
- 2653 中先代の乱　鈴木由美
- 1521 後醍醐天皇　森　茂暁
- 2601 北朝の天皇　石原比伊呂
- 2463 兼好法師　小川剛生

- 2443 観応《かんのう》の擾乱《じょうらん》　亀田俊和
- 2179 足利義満　小川剛生
- 978 室町の王権　今谷　明
- 2401 応仁の乱　呉座勇一
- 2058 日本神判史　清水克行
- 2139 贈与の歴史学　桜井英治
- 2481 戦国日本と大航海時代　平川　新
- 2343 戦国武将の実力　小和田哲男
- 2084 戦国武将の手紙を読む　小和田哲男
- 2593 戦国武将の叡智　小和田哲男
- 1213 流浪の戦国貴族　近衛前久　谷口研語
- 2665 三好一族―戦国最初の「天下人」　天野忠幸
- 1625 織田信長合戦全録　谷口克広
- 1782 信長軍の司令官　谷口克広
- 1907 信長と消えた家臣たち　谷口克広
- 1453 信長の親衛隊　谷口克広
- 2421 織田信長の家臣団―派閥と人間関係　和田裕弘

- 2503 信長公記《しんちょうこうき》―戦国覇者の一級史料　和田裕弘
- 2555 織田信忠―天下人の嫡男　和田裕弘
- 2645 天正伊賀の乱　和田裕弘
- 2622 明智光秀　福島克彦
- 784 豊臣秀吉　小和田哲男
- 2557 太閤検地　中野　等
- 2265 天下統一　藤田達生
- 2357 古田織部　諏訪勝則